Eurus

Notus

ユダヤ人とユダヤ教

市川　裕
Hiroshi Ichikawa

Boreas

Zephyrus

岩波新書
1755

はじめに

一九八〇年頃のことである。私は東京に住むイスラエル人のもとで現代ヘブライ語を習っていた。その昔、イスラエルで小学校の先生をしていたというその夫人は、あるとき私にこんなことを言った。

「世界中のどこを見ても、いまの東京ほど繁栄した都会はないわね。でも、こんな繁栄は決して長続きしないわ。日本人はそのときのことを考えて、何かしているかしら？」

思いがけない問いに私は戸惑った。高度経済成長の時代を経て、私自身も含め日本人はみな明るい未来を信じ、いまの繁栄がこれからも変わらず続くと思っていた。彼女の夫はホロコーストを逃げ延びた人で、夫妻は海外での生活経験も豊富だった。知的で好奇心旺盛なアシュケナジ系ユダヤ人ゆえの観察眼であろう。いまにして思えば、夫人の言葉はまさに金言であった。

異郷の地で暮らす道を余儀なくされて以来、ユダヤの人びとは自分たちが住む土地の社会の様子をしっかりと観察し、身に降りかかる災難への備えに心を砕いてきた。それを怠れば、生き残れなくなるかもしれないからである。よく言われることだが、ユダヤの人びとは自らの弱さを自覚したことで強くなった。厳しい境遇をしたたかに、そしてたくましく生き延びてきた彼らの姿に、私たちの未来を考える際のヒントを見出せるかもしれない。そう願って、私の四〇年の学びをもとにまとめたのが本書である。

目　次

目次

地図製作＝鳥元真生

序章　ユダヤ人とは誰か

ポーランドにて

二〇一八年七月、ヨーロッパ・ユダヤ学会での発表のためポーランドのクラクフを訪ねた。そのときの経験は、ユダヤ人について考える多くの機会を私に与えてくれた。ポーランドとユダヤ人の長い歴史。一六世紀にレマ(ラビ・モシェ・イッサーレスの略称)を生んだクラクフ。ナチスが造ったゲットーのそばに、あのシンドラーの工場があった。アウシュヴィッツまではバスで一時間半という近さだ。ワルシャワではゲットーの規模の大きさに驚嘆し、ポーランド人とユダヤ人との共存を謳った「ポーリーン」ユダヤ歴史博物館には胸を衝かれた。ヨーロッパのユダヤ人の歴史は、ポーランドを中心に考えるのも一つの確かな視点ではないか。この博物館の展示を通して、私はポーランドのユダヤ人の歴史を再認識させられた。

しかし、帰国後、私のなかでは疑問が大きく膨らんでいった。充実した展示の最後のギャラリーは、ユダヤ人の現在に焦点を当てたものだった。「蘇ったユダヤ人の生活」を主題とする、ポーランドのユダヤ系住民へのインタビューの展示である。ポーランドにはいまも反ユダヤ主義はあるか？　あなたは自分をユダヤ人だといつも意識しているか？　あなたにとってイスラエルのもつ意味は何か？　ユダヤの文化を作っているのは誰か、それは誰のためか？　ポーランドの地でユダヤ人に未来はあるか？　あなたにとって、ポーランドに住む意味は何か？　そのような問いが向けられていた。五時間にわたり展示を観てきた全体の印象から私は、インタビューをするポーランド人のなかに、ある意識を感じた。ユダヤ人は「よそ者」だという意識である。

ポーランドは、一三世紀以来八〇〇年にわたって、ユダヤ人が安息の地として住み続けてきた国である。しかし、インタビューするポーランド人の側には、ポーランドは自分たちの土地だという確信、あるいは信念がある。民族(race, people)は、その民族に固有の領土をもつ。そういう見方が暗黙の了解となっている。それはポーランド人に限らない。近代以来、世界中の人びとが信じて疑わない見方でもあるだろう。

じつのところ、民族と土地とを不可分のものとみなす見方は、他ならぬユダヤ人自身が古くから抱いていた見方である。ローマ帝国との戦いに敗れ、エルサレム神殿を破壊され、ユダヤの人びとはパレスチナの地から追われた。住む土地をなくした喪失者たちは、やがてその土地を神聖不可侵なものと意識するようになった。そして、その土地への帰還が叶うかどうかは、神のもとにある自分たちの日々の行いによって決まると考えた。土地というものに対するユダヤ人のこうした考え方は、唯一神が介在する点で独特であるかもしれない。どのような宗教的経緯、あるいは思想史的経緯によって、そのような考え方が力を得ていったのだろうか。

ユダヤ人は「捕囚(ガルート)」と「離散(ディアスポラ)」という捉え方で、自分たちの境遇を両義的なものとして把握する。これは、世界各地に分かれて生きざるをえなかった自分たちの運命を、片や否定的かつ消極的に、片や肯定的かつ積極的に意味づけて、自分たちの生き方に使命を見出すための概念である。そして、その二つの概念が、土地との結び付きを喪失してもなお、共に生き続けられるユダヤ独自の文化を創造した。捕囚に込められた祖国への郷愁や欠乏感と、離散に込められた解放感と自由さ、その不安定さ。自分たちの国をもち、異民族との競争と共存をほとんど経験したことのない、われわれ日本人には理解しづらい概念であろう。その概念を理解するための鍵が、ラビ・ユダヤ教である。これは、私たち日本人が「宗教」として想像する、いわゆる「ユダヤ教」とは似て非なるものである。本書では、その微妙な機微に分け入っていきたいと考えている。

「真正のユダヤ人」

世界のグローバル化が進み、ユダヤ人の生き方がいまや、世界中の人びとの未来の生き方になりつつある。ところが逆に、当のユダヤ人自身は、それと相反する生き方を選びはじめたかのようにも見える。現代は、ユダヤ三千年の歴史のなかでも極めて特異な時代といえるだろう。ユダヤ人とは誰か。その存在の本質が、いまあらためて問われているのである。

この問いについて考えるのに最適な事例が、現代のイスラエルである。この国は「民主主義のユダヤ人国家」を掲げて、ユダヤ人の人口を圧倒的過半数にすべく、世界中から移民を迎え入れた。イスラエル帰還法は、移住希望者が「ユダヤ人」と認定されれば、入国と同時に市民権を付与すると定めている。しかし、一九四八年の建国以来、その認定をめぐりイスラエル国内では幾度か大きな議論が巻き起こってきた。

「ユダヤ人」という呼称はヘブライ語で「イェフディ」といい、ソロモン神殿時代の後半から第二神殿時代にかけての「ユダ族の人びと」、あるいは「ユダの地の住民」として聖書に現れている。時代によってその意味する内容は変化するものの、中世以降はユダヤ啓示法（ハラハー）にもとづき、「ユダヤ人の母親から生まれた子、もしくはユダヤ教への改宗者」として明確に定義された。

現代のイスラエル国家はどういう認定基準で、「ユダヤ人」か否かを識別しようとしたのだろうか。政府が一九五〇年に制定したイスラエル帰還法は、この伝統的な定義をそのまま採用したが、何をもって「ユダヤ人」とするかが、しばしば問われることになった。当時の首相ベングリオンは、正統派ユダヤ教徒との間で協定を結び、彼らの基準を市民権付与の要件として認めたためである。正統派ユダヤ教徒の考えるユダヤ人の要件とは何か。それは、ユダヤ啓示法が守られる社会に生まれ育った人びとを「真正なユダヤ人」とするという基準である。別の言い方をすれば、ユダヤ人とは、ラビの権威に服従し、タルムード(ユダヤ教の聖典のひとつ)の教えのもとに生きる人びとである、ということである。聖書と比べれば、ずいぶんと新しいということがわかるだろう。

世界各地で離散生活を営むユダヤ人はおおむねラビの権威のもとで暮らしてきたが、なかには閉鎖的な環境のなかで、他のユダヤ社会とは没交渉のまま現代を迎えた集団もあった。そのため、たとえ当人が「自分はユダヤ人である」と自覚していても、イスラエルの基準に適うとは限らない。実際、これまでイスラエル当局の目に留まった集団が三つあった。①建国前後の時代にやってきたイエメン出身の集団、②建国以前から一九八〇年代にかけて断続的に移住してきたエチオピア出身の集団、そして③ソ連邦崩壊後、一九九〇年代に移住してきた旧ソ連出身の集団である。

イスラエルは、これらの集団をどのように審査したのだろうか。まず、イエメンの人びとは

「真正なユダヤ人」と認められた。彼らはタルムードの伝統を保持しており、何より中世以来のユダヤ啓示法の戒めが浸透していたからである。また、旧ソ連から移住してきた集団は、父親のみがユダヤ人である人や身元不明者が含まれていたものの、特例法によって全員が「真正なユダヤ人」として認められた。これには政治的な判断も働いたと考えられる。冷戦終結前後から旧ソ連ではユダヤ人の出国が認められるようになった。世界ユダヤ協議会の統計資料によれば、一九八九年から九四年までの間に約五〇万人のユダヤ人がイスラエルに移住したといわれる。現在では、イスラエルのユダヤ人の約一〇分の一がロシア系移民で占められる。

これに対して、エチオピア出身の人びとには嫌疑がかけられた。彼らの集団にはラビがおらず、またタルムードの教えも実行されていない。そのため、禁じられた婚姻が行われてきた疑いが生じたのである。伝統的なユダヤ啓示法によれば、祭司身分の男性は結婚相手の女性に関してさまざまな制約が課せられている。また、近親婚を禁じる厳格な規定がある。エチオピア出身の人びとの間には、それを守らない婚姻が広がっている恐れがあり、集団全体にマムゼル（啓示法に反した婚姻で生まれた子）が存在するのではないかと疑われた。

正統派ユダヤ教（ラビ宗教庁）は、彼らに対して改宗儀礼にならった浸礼（トゥヴィラー）を課した。この措置に対して批判が集まり、キリスト教への強制改宗にも似た不当行為として政治問題化したことがある。その結果、イスラエル政府は彼らを帰還法が適用されるユダヤ人とすることに決定した。現在、イスラエルには一〇万人を超えるエチオピア系移民が暮らしている。しかし、いまなお、彼らが結婚するときには、あらかじめ浸礼を受けることを義務づけている。これは、イスラエルではユダヤ人の私的身分の決定に、いまだ正統派ユダヤ教が決定権をもっていることを物語っている。

イスラエル以外の国々では、ユダヤ人の人口が最も多いアメリカをはじめとして、離散ユダヤ社会の婚姻関係にユダヤ教の権威が介入することはない。しかし、彼らがイスラエルに行って市民権を取得しようとするときには、正統派ユダヤ教の視点から「ユダヤ人」に関する審査を受けることになる。政治的な問題や世俗的な問題も絡んで、事情はさらに複雑になるだろう。ひと言で「ユダヤ人」といっても、その内実はじつに多様で、一義的に捉えることはできなくなっている。本書では、歴史をたどりながら、信仰、学問、社会の各側面から、その多義性とその由来を再確認していきたい。

第1章　歴史から見る

第1節　古代のユダヤ人たち

まずユダヤ人とユダヤ教に対する先入観を捨てねばならない。先入観とは次のようなものである。古代のユダヤ人たちは、バビロン捕囚後に、自分たちだけが救われるという選民思想を抱き、閉鎖的で自己中心的な宗教としてユダヤ教を誕生させた。その後、五〇〇年を経過するなかで、排他的で形式的な律法中心主義となった。そのとき、ナザレのイエスが出現して悔い改めと隣人愛を説き、世界宗教としてのキリスト教が誕生し、ユダヤ教は歴史の表舞台から消え去った……。

イエスの出現をどう捉えるか

こうした捉え方は、西欧のキリスト教中心史観にもとづく世界史認識である。ユダヤ人とユダヤ教について考えるには、このような世界史認識から自由にならねばならない。

そこでまず問われるのは、ユダヤ社会のなかでイエスの出現をどう捉えるかである。西暦三〇年頃、エルサレム神殿はいまだ健在で、日々ユダヤの祭儀が実施されていた。人びとの間では「ユダイズム（ユダヤ教）」とは何かという大問題をめぐってさまざまな意見が闘わされたが、日常生活は「モーセの律法」(啓示法)に則って自律的に統御されていた。パリサイ派しかり、エッセネ派しかり。ローマ帝国がユダヤを直接支配する状況への深い憂慮が、メシア待望論や律法への回帰、黙示録的ヴィジョン、さらには武力闘争をも辞さない人びとまで、多種多様な思想運動を生み出していた。そのような状況のなかで、洗礼者ヨハネが活動を始め、ナザレのイエスが出現し、ユダヤ社会に一石を投じた。「ユダヤとは何か」。そう問いかけたことでは、イエスもまた同時代のユダヤの人びとと同じく、ユダヤ人としての自己のあり方をめぐり主張をぶつけ合った一人だったのである。

賢者輩出の時代

イエスの出現した紀元前後、ユダヤでは賢者輩出の時代が始まる。ヒレルとシャンマイから始まって、第一次ユダヤ戦争を経て、ヨハナン・ベン・ザッカイ、ラビ・アキバに至り、第二次ユダヤ戦争をはさんで、ラビ・メイル、そして、ラビ・ユダ・ハナスィへと至る賢者たちの系譜である。歴史的に見れば、この時代は古代のユダヤ社会最大の危機の時代で、ユダヤの人びとはローマ帝国との二度にわたる戦争で壊滅的な打撃を受けた時代である。ローマとの戦いはユダヤの神が定めた秩序を守るためであり、メシアが彼らを助けに来てくれるはずであった。

エルサレム陥落．フォロ・ロマーノのティトゥス凱旋門に刻まれたレリーフ．ローマ軍の兵士たちが神殿の象徴である７本枝の燭台メノラーを運び出している．

しかし、千年にわたる伝統をもつユダヤ社会を守るための戦いは無残にも、多くの人びとの死、神殿破壊、国土の荒廃、首都の崩壊で終わった。

ユダヤ社会でラビが出現したのはまさにこの時期からである。ラビは聖職者ではなく、神の教えに関して専門知識をもつ律法学者である。彼らは、祖国を失ったユダヤの人びとに新たな生き方を指し示す賢者であった。ラビは、時代によって職務内容に変遷はあるが、今日に至るまで、ユダヤ社会を指導する重要な身分であり続けている。ユダヤの人びとは、親、兄弟、友人でも解決できない問題はラビに頼り、時にはラビに付き従い、教えを請うことで解決してきた。

賢者輩出の時代、ラビは自分たちの置かれた現在の状況を、預言者アモスの言葉に重ねて理解した。「私は地に飢えをもたらす。食物への飢えではなく、のどの渇きでもない。主の言葉を聞けないことへの渇きである。……トーラーの言葉を探し求めても、見出すことができないであろう」（『アモス書』8章11－12節）。神の言葉に対する飢えと渇きである。いまこそ、神の言葉を集めて学習しよう。ラビたちの指導のもと、ユダヤの学問が勢いを得ていく。先人の教えを集め、ラビたちは学習を深めていった。

不思議なのは、こうした賢者輩出の時代が、ローマ法の古典期とほぼ一致することである。ユダヤ人にとって過酷だった二度の戦争の時期は、ローマの平和（パクス・ロマーナ）が実現した五賢帝の時代でもある。マルクス＝アウレリウス帝はストア派の精神を政治に生かして、ローマの平和を実現したとして称賛される。後のカラカラ帝の時代には、ローマ市民権法が施行され、帝国内のすべての自由人にローマ市民権が付与された。ガイウスの『法学提要』の功績により、帝国全土でローマ市民法がいわば普遍法として施行されたのである。

その同じ時期、ユダヤ人は帝国内外の同胞を対象として、ユダヤ固有の法を独自に成立させた。この法を「ミシュナ」という。ミシュナが成立して以降、ラビたちは、ユダヤの学問の中心であるパレスチナとバビロニアでミシュナを普及させていく。ミシュナの欽定編纂に至るまで尽力したラビたちは「タンナイーム」（繰り返す人びと、ミシュナを教えた人びと）と呼ばれた。ミシュナ成立後は、ミシュナを伝え教える役割のラビたちを、「説明する人」という意味を込めて「アモライーム」と呼ぶようになる。彼らは、タンナイームと区別して自分たちを卑下した名称で呼んでいるが、これに限らず、古代の人びとは時代が下るにつれて人間の資質が低下し衰退すると考えていた節がある。

啓示法の宗教

ミシュナの成立後、ユダヤ教は明確な宗教法体系をもつようになり、ユダヤ人の社会は改宗制度を整えた自治共同体として再構築された。これ以後、ユダヤ社会は、パレスチナとバビロニアを中心に展開する。一方、西のローマ帝国ではキリスト教が国教化され、東のササン朝ペルシアではゾロアスター教が強化され、古代末期は国家と宗教が強く結び付く時代になった。当初、パレスチナとバビロニアのユダヤ社会は、ともに民族的自治が認められ、パレスチナではナスィ(パトリアルク)という筆頭者が、バビロニアでは捕囚民の長(レシュ・ガルータ)が世俗的な代表者として統治に当たった。特筆されるのは、この両地域でミシュナが社会自治の機能を担い、ラビたちによってミシュナの学問が発展したことである。両地域では学者の交流も盛んに行われた。

しかし、やがてユダヤ人に対する厳しい政策が実施されるようになり、東ローマ帝国では四二五年にナスィ制度が廃止され、ササン朝でもユダヤに対する抑圧が強まっていった。こうした状況に対処するため、パレスチナでは四〇〇年頃にパレスチナ・タルムードを編纂し、バビロニアでは五〇〇年頃にバビロニア・タルムードを編纂して、共同体結束の礎とした。とくに、バビロニア・タルムードは、パレスチナの学問を取り入れつつ、独自の編集方法によって、より完成度の高い啓示法の集成としてまとめ上げられた。それを支えたのが、バビロニアの二つの学塾（イェシヴァ）であった。そして、ササン朝を滅ぼしたイスラム勢力が、この啓示法の伝統を継承した。それによって、ユダヤ教に始まる啓示法の形態が中東から北アフリカ、スペインにまで拡大し、中世においてユダヤ人の存続と繁栄に大きく寄与することになるのである。

第２節　イスラム世界からヨーロッパへ

忘れられた歴史を補う

本書では便宜的に、イスラム世界の出現をもって中世の始まりとする。中世においてユダヤ人はイスラム世界に組み込まれることで、バビロニアを中心にユダヤ史のなかでも類をみない繁栄を享受することになる。とくに学問の隆盛と交易での活躍が際立つ。私たちの歴史認識からすっぽりと抜けてしまっているのが、この中世のイスラム世界におけるユダヤ人とユダヤ教である。その欠落を補うことも本書の重要なテーマである。

イスラム世界ではアラビア語による法学が学問の中心となった。それが、ユダヤ人の法学を一層発展させる。アッバス朝時代(七五〇―一二五八)にはバビロニアの二つのイェシヴァ(スーラとプンベディータ)の権威が、イスラム世界におけるユダヤ社会全体を覆うまでになった。バビロニアで学塾が存続した時期を「ゲオニーム時代」と呼ぶ。ゲオニームとは、バビロニアの学塾の長の称号である「ガオン」(「偉大な人」の意)の複数形である。一〇三八年にプンベディータ最後のハイ・ガオンが逝去したことがゲオニーム時代の終焉といわれる。この二つの学塾は、異なる派閥を形成することはなかった。

後ウマイヤ朝時代(七五六―一〇三一)のスペインでもユダヤの学問が栄え、ユダヤ人の間でも、イスラム法学を筆頭に、哲学、科学、医学、言語学が浸透した。イスラムとの交流が密接で、ユダヤ人も学問の公用語であるアラビア語を日常言語として使っていたためである。この時期のユダヤ知識人はイスラムの新たな学問を身につけ、ユダヤの伝統を墨守するだけの学問を批判の対象にした。モーゼス・マイモニデス(一一三五/三八―一二〇四)は、ラビとしてユダヤ法学を大成させるとともに、ラビであってもイスラムの哲学や医学を修得すべきものとみなした。聖書註解で名高いアブラハム・イブン・エズラや、中世ユダヤ文学の傑作といわれる『クザリ』の執筆で有名な詩人イェフダ・ハレヴィなどは、聖地への旅やイスラム世界での大旅行を企てている。

世界史的に見ると、これらユダヤ知識人と同時代に、コルドバ出身のイブン・ルシュド(一一二六―九八)、朱子(一一三〇―一二〇〇)、道元(一二〇〇―五三)、トマス・アクィナス(一二二五―七四)などがおり、この時期の世界的な学問の興隆を実感させる。

イスラムとともに

中世という時代を理解するうえで重要なことは、先進地域と後進地域を意識することである。イスラムが急速に征服していった地域は、ギリシアやローマなど、古くから文明の栄えた先進地域であった。イスラム世界はそれらの地域を領土として吸収しつつ文化を洗練させていく。

地中海東岸に住む多くのユダヤ人もイスラムによる支配の影響を直接受けることになったが、その一方でイスラムに対しても影響を与えた。ユダヤ教とイスラム教はともに中東を発祥の地とする宗教で、唯一神とその預言者を信仰する宗教共同体として独特な宗教集団を形成した。「セム的一神教」という総称もあるように、ユダヤ教とイスラム教の類似性は高い。

イスラム社会がイスラム法(シャリーア)を施行する社会であることはよく知られるものの、なぜそういう社会が生まれたのか、その要因はまだ解明されていない。ただし、シャリーアの体制は、じつは、ユダヤ教のハラハー(いわゆるユダヤ啓示法。ヘブライ語で「道」「歩み」を意味する)の体制と酷似している。その歴史的な因果関係は不明だが、ユダヤ教が同様の啓示法体系をもつイスラム世界で繁栄を享受したことには、しかるべき理由があると思われる。

イスラムの広がりとともに、ユダヤの人びとは地中海地域へと進出し、北アフリカを通ってスペインへも移住していく。この過程は、ウマイヤ朝の勃興から始まるイスラム世界の版図拡大と軌を一にしている。中世盛期には、ユダヤ人の九割がイスラム世界に住み、西欧キリスト教世界に住むユダヤ人はいまだごくわずかであった。われわれの中世ユダヤ人に対するイメージが「流浪と迫害」「貧しく賤しい金貸し」であるとすれば、それは西欧キリスト教世界でのユダヤ人に対するイメージである。ごく限られたイメージを無批判に受け入れ、大多数を占めるイスラム世界のユダヤ人にまで広げてはならない。中世の一神教世界に対する公平な見方と、東西の宗教文化の違いへの認識が必要である。

ユダヤも含めた中世の最大の特徴は、宗教が人間のアイデンティティを決定したことである。この特徴は、西欧のキリスト教世界においても、中東のイスラム世界においても等しく妥当する。そのうえで、これら二つに違いがあるとすれば、それは少数集団に対する対応の仕方であろう。

キリスト教世界では、正統的なキリスト教徒以外の少数集団は異端として徹底的に弾圧された。唯一の例外がユダヤ人である。彼らは異教徒であり異邦人であったが、キリスト教の真実を証しする存在として、特別の法規により統制下に置かれた。これに対して、イスラム世界においては「ウンマ(宗教共同体)」という統治理論のおかげで、ユダヤ人は「啓典の民(アハル・アル＝キターブ)」として認められていた。キリスト教諸派やユダヤ人は庇護民として生命と財産を保護され、それぞれの宗教的自治が許されたのである。

イスラム世界におけるウンマは、いくつかの点で今日に至るまで存続しており、宗教が人間を区別する際の大きな指標となっている。これは、西欧近代に始まった宗教の世俗化、私事化とは異なる状況を示している。その端的な例が、現代のイスラエルにおける婚姻制度である。かつてオスマン帝国内においては、同一の宗派内の婚姻のみが正式な婚姻であり、それぞれの宗派の権威が婚姻を管理統制した。この宗教婚制度が国民国家イスラエルでも踏襲されており、ラビ法廷の管理統制の下、かつてのウンマの名残りをとどめている。

ちなみに、オスマン帝国以来、そうした権限を認められてきた宗教的権威は、イスラム教スンニー派ならばムスリム法廷カーディ、キリスト教徒ならばギリシア正教、ギリシア・カトリック、ローマ・カトリック、マロン派、グレゴリオ・アルメニア教会、アルメニア・カトリック、シリア正教、シリア・カトリック、カルデア教会、普及福音教会などの各宗派である。中世のイスラム世界の内部でいかに多様な宗派が存続できたかが想像されよう。

中世のイスラム世界を地図で見ると、一〇〇年足らずの間に驚くほど広範囲の地域を征服したことがわかる。東はアフガニスタン、西は北アフリカを経てスペインの北端まで。この広大な地域のなかでさまざまな宗教・宗派が共存していた。特筆すべきは、当時存在したユダヤ人のほとんどが、この広大なイスラム世界のなかで一つに統合されていたことである。イスラム社会においてもユダヤ人は蔑視の対象であったが、啓典の民として「ズィンミー」という庇護民の身分を取得できた。日常のなかで差別的な待遇を受けることはあれ、イスラム教を尊重し、人頭税・土地税を納めさえすれば、イスラムに準じた宗教共同体（ウンマ）を形成し、イスラム社会のなかで生命財産の保護、移動や商取引の自由を享受することができたのである。

地中海社会での繁栄

イスラム世界で移動の自由が確保できたことは、通商の民でもあるユダヤ人には格別の生活条件であったと想像できる。遠隔地のユダヤ人同士が同一のユダヤ法に服することから、商業と婚姻のつながりを通じたユダヤ社会の広域ネットワークが充実していく。こうしたユダヤ社会の繁栄を証拠立てるのが、一九世紀末、カイロのシナゴーグの廃書蔵（ゲニザ）から発見された大量の古文書である。

カイロ・ゲニザ文書と呼ばれるその古文書は、宗教文書と経済文書に大別される。ゲニザの経済文書に関する研究によれば、ファーティマ朝がカイロに進出する九六九年からアイユーブ朝が滅亡する一二五〇年まで、地中海を囲む国々、とくにイスラムの国々によって自由貿易圏が形成されていた。地中海地域を舞台に、ヒト、モノ、カネ、書物が縦横に交流する社会を想定して、これを「地中海社会」と呼ぶ。ユダヤ人がナイル川河口近くのフスタートを中心に、地中海とインド洋の中継貿易で大いに繁栄した姿が浮かび上がる。

インド洋から地中海にかけての貿易はイスラム商人とユダヤ商人を活気づかせた。とくにユダヤ商人は、イスラム世界に根を張った商業ネットワークと秀でた言語能力を駆使し、陸路と海路の双方で大規模な東西貿易を展開していく。西からは男女の奴隷、装飾品、絹織物、毛皮、

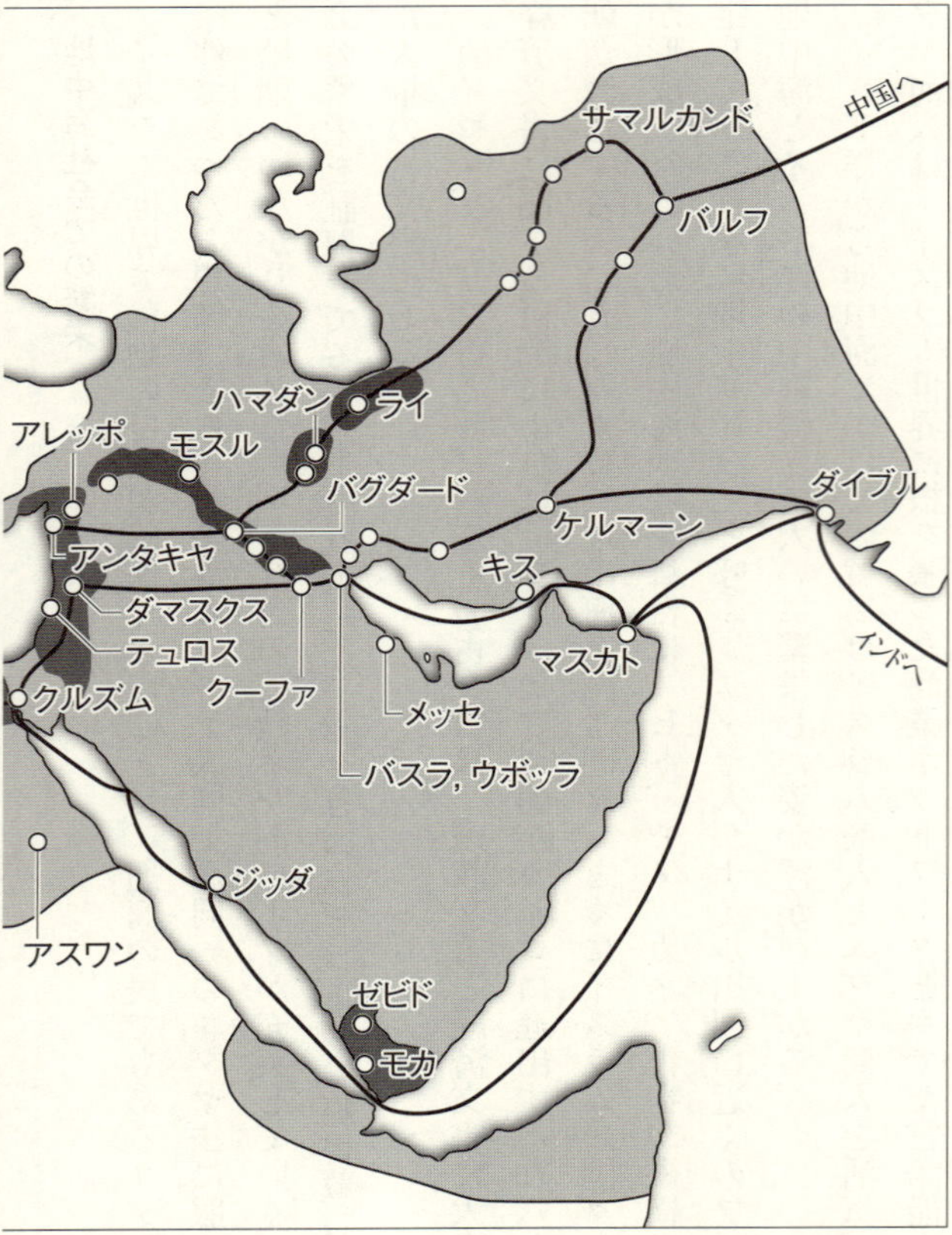

同体を築いていたことがわかる．これらの各都市を結ぶ人的・物的

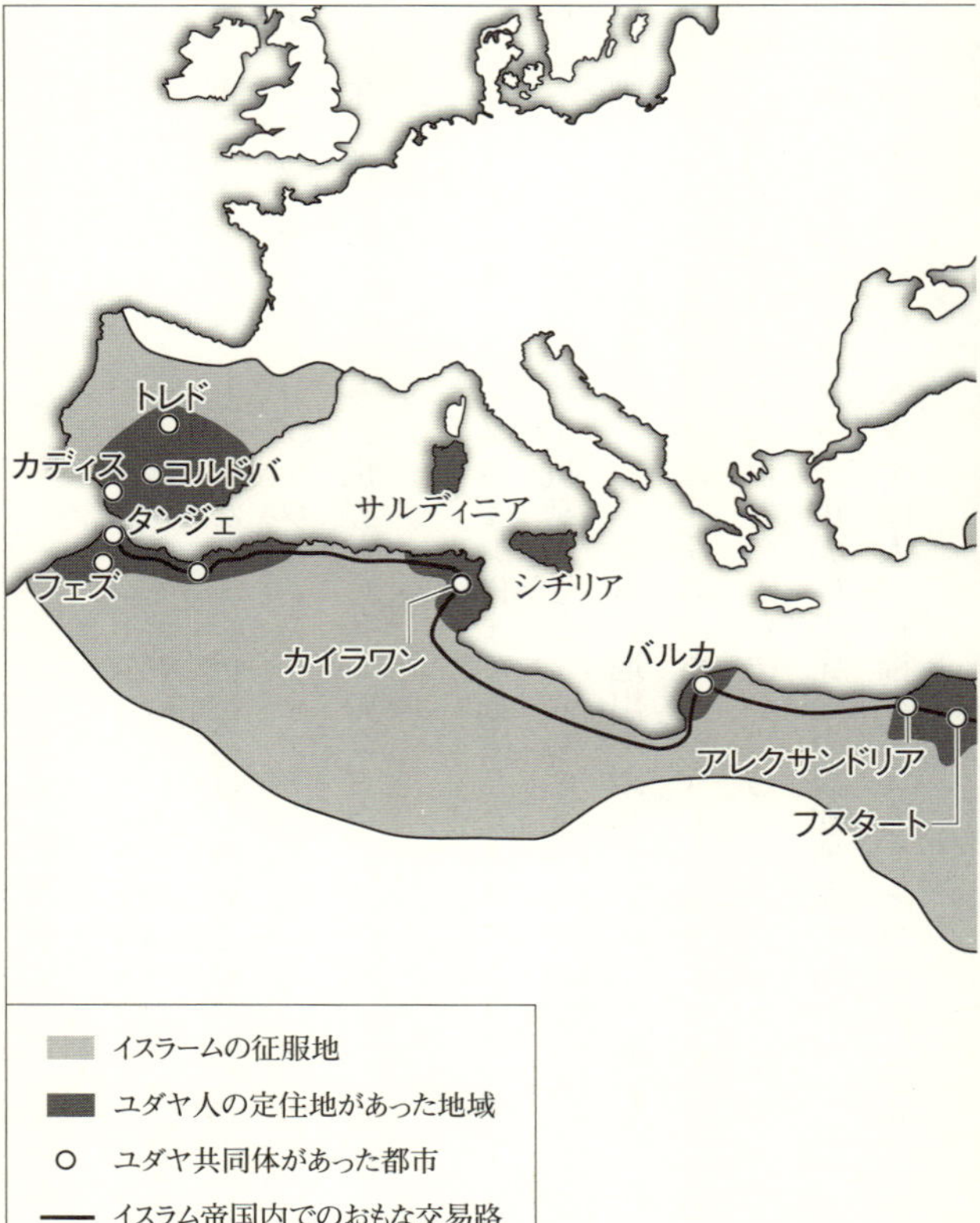

イスラム世界でのユダヤ共同体の広がり．通商拠点である都市に共
ネットワークを通じて，大規模な遠隔交易が行われていた．

刀剣などを、東からは天幕、香料、絹などを運んで莫大な利益を上げた。

アルプスを越えて

このような繁栄のなか、後ウマイヤ朝のスペインでは、ユダヤ史でも稀な黄金時代をむかえる。首都コルドバは、九世紀から一〇世紀には、世界でもっとも繁栄した都市として東のバグダードやコンスタンティノープル(現在のイスタンブル。ヘブライ語でクシュタ)と覇を競った。この繁栄に伴って、イスラム世界から多くのユダヤ人がスペインに移住し、各地でユダヤ人街が発達した。

北アフリカを経由してスペインにまで拡大したイスラムは、やがてピレネー山脈より北を目指す。そのとき、強大な抵抗勢力として立ちふさがったのがフランク王国であった。古代ローマ帝国の栄光を復活させ、イスラムの進出を阻止するべく、西暦八〇〇年のクリスマス、ローマ・カトリックと世俗王権は手を結んだ。シャルルマーニュがローマ教皇から戴冠されるに及んで、後の西欧キリスト教世界の礎が築かれる。

ただし、当時のキリスト教世界は未発達の後進地域であった。シャルルマーニュは国を豊かにすることを目的に、ユダヤ商人に特権を与えることを条件に移住させ、交易を活発化させようとする。ユダヤ人は、慣習や考え方の異なる商才に長けた異邦人、と現地の人の目に映ったであろう。こうして九世紀以降、ユダヤ人がアルプスを越えて北に進出していく。やがてライン川流域のシューム(シュパイアー、ヴォルムス、マインツの頭文字による造語)を根拠地に、ユダヤ人たちは都市住民として交易や金融業を担うようになった。このユダヤ人の集団がやがて、アシュケナジ系のユダヤ社会を築いていくことになる。

スファラディとアシュケナジ

ライン地方を中心に、ユダヤ人は繁栄とともに居住地を広げ、英国、フランス、ドイツ東南部へと移り住んだ。ヴォルムスやマインツをはじめ、リンカン、プラハなど、シナゴーグと墓地が中世のユダヤ人の面影を今に伝えている。

しかし、一一世紀から一三世紀のカトリック全盛期を迎えると、十字軍が巡礼とともに聖地、北方、そして南仏、スペインへと進出し、異端者と異教徒の駆逐に乗り出した。ペストの流行がユダヤ人憎悪の感情をかきたて、西欧各地で「血の中傷事件(儀式殺人)」が多発し、ついにはユダヤ人の追放が始まる。

中世ヘブライ語では、スペインを「スファラド」、その出身者を「スファラディ」と呼び、ライン地方を中心とする中欧を「アシュケナズ」、その出身者を「アシュケナジ」と呼ぶ。スペインで長くイスラム文化の影響を受けたスファラディ系ユダヤ人の社会では、哲学的合理主義と中庸の徳が推奨された。社会への適応が重んじられ、キリスト教徒による迫害に対しては生き延びることを優先し、キリスト教への改宗も行われた。のちに交易で活躍するポルトガルの新キリスト教徒(改宗ユダヤ教徒)はその好例である。

一方、アシュケナジ系ユダヤ人の社会では、敬虔さを重視する宗教思想が尊ばれた。そのため、キリスト教徒による迫害に対して果敢に殉教する道が選ばれた。西欧・中欧の各地を追われたアシュケナジ系ユダヤ人は、東欧のポーランドに安住の地を求めて移動していく。

レコンキスタとスペイン追放

九世紀から一〇世紀にかけてのスペインでは、イスラム教、ユダヤ教、キリスト教の三つの一神教が一つの地に共存するという稀な時代が生まれていた。その三者に亀裂を生じさせたのがレコンキスタ、すなわちキリスト教徒による再征服運動である。後ウマイヤ朝の衰退とともに活発化したレコンキスタは、十字軍の動きとも呼応しつつ、一四九二年、イベリア半島南部を支配したナスル朝グラナダ王国の滅亡をもって完成する。

イベリア半島からイスラム世界が消滅し、異教徒を厳しく排除するキリスト教徒がスペイン全土を席巻すると、ユダヤ人は追放される身となった。追放されたスファラディ系ユダヤ人たちのおもな行き先はバルカン地方である。その多くはオスマン帝国の勢力下にあるイスラム圏を目指した。ビザンツ帝国を滅亡させたオスマン帝国は、イスタンブルを首都と定め、バルカン地方の支配を確立する。急速に拡大する帝国は、行政官をはじめ有為な人材を必要としていた。スペインを追放されたユダヤ人たちは、オスマン帝国に安住の地と活躍の場を見出す。新天地で医師、交易商、金融業者として才を発揮するようになった。

くわしくは後述するが、この時期の宗教的に特筆すべきこととして、当時オスマン帝国が新たに征服したパレスチナのサファド（現在のツファット）において、ユダヤ人神秘家がカバラー研究の拠点を形成したことが挙げられる。サファドは、オスマン帝国の地方行政府もあるガリラヤ地方の中心都市であった。スペインを追放された律法学者や神秘家がこの地に参集し、ユダヤ教における新たな神秘思想の覚醒をもたらすのである。

また別に、ユダヤ人の避難地となったのがイタリアである。都市国家ヴェネチアは、一五一六年に世界で初めてユダヤ人のゲットーを造った。これを西欧近代の国家制度の先駆けと捉える見方もある。当時、ヴェネチアでは、宗教を支配のための手段と捉える実利的な思想が受け

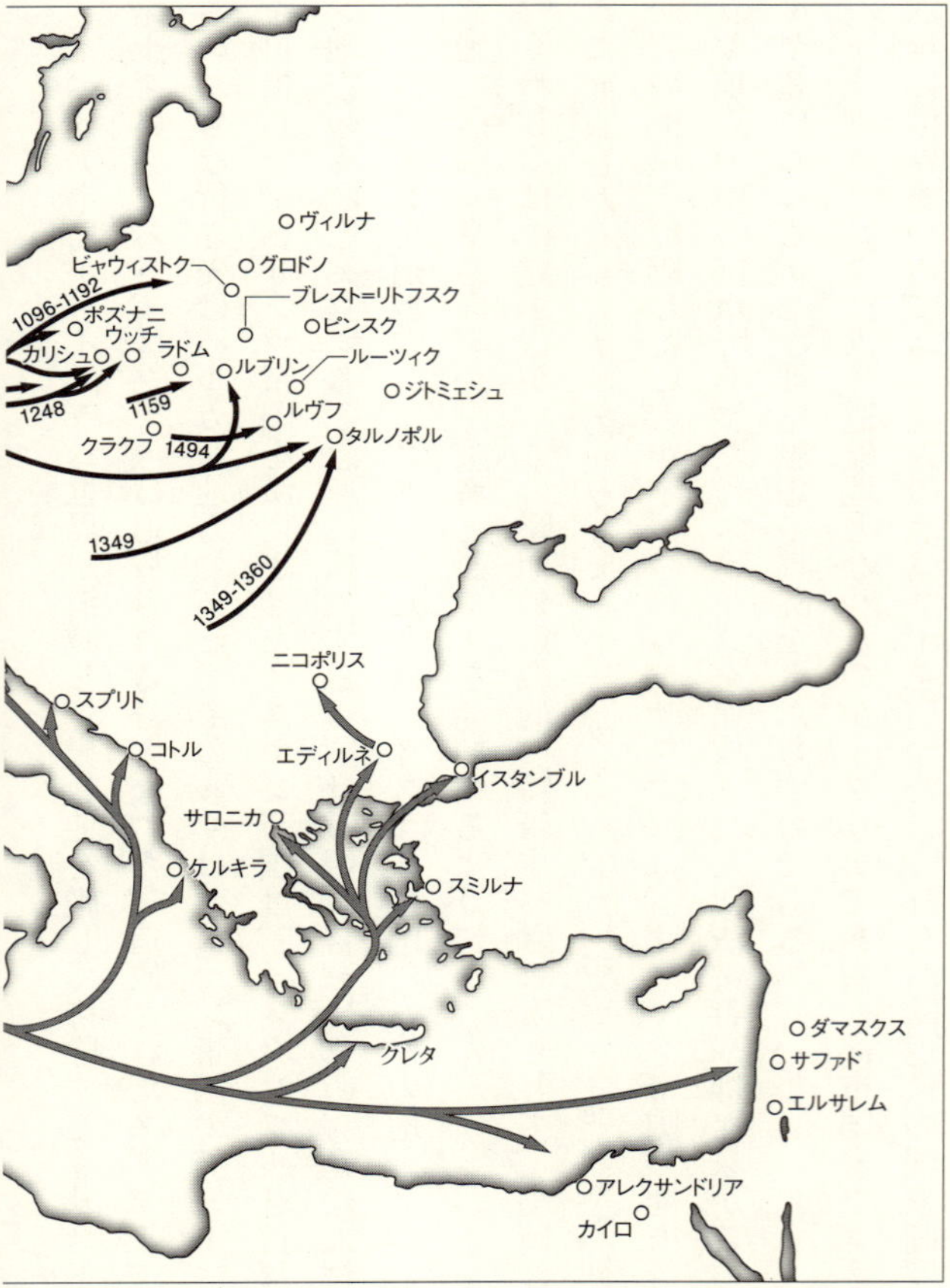

的経緯から，大きく分けて「スファラディ系」と「アシュケナジ
人たちは，オスマン帝国とポーランドに逃れていった．これに対し
ユダヤ人もいて，彼らを総称して「ミズラヒ(東の)系」と呼ぶ．矢

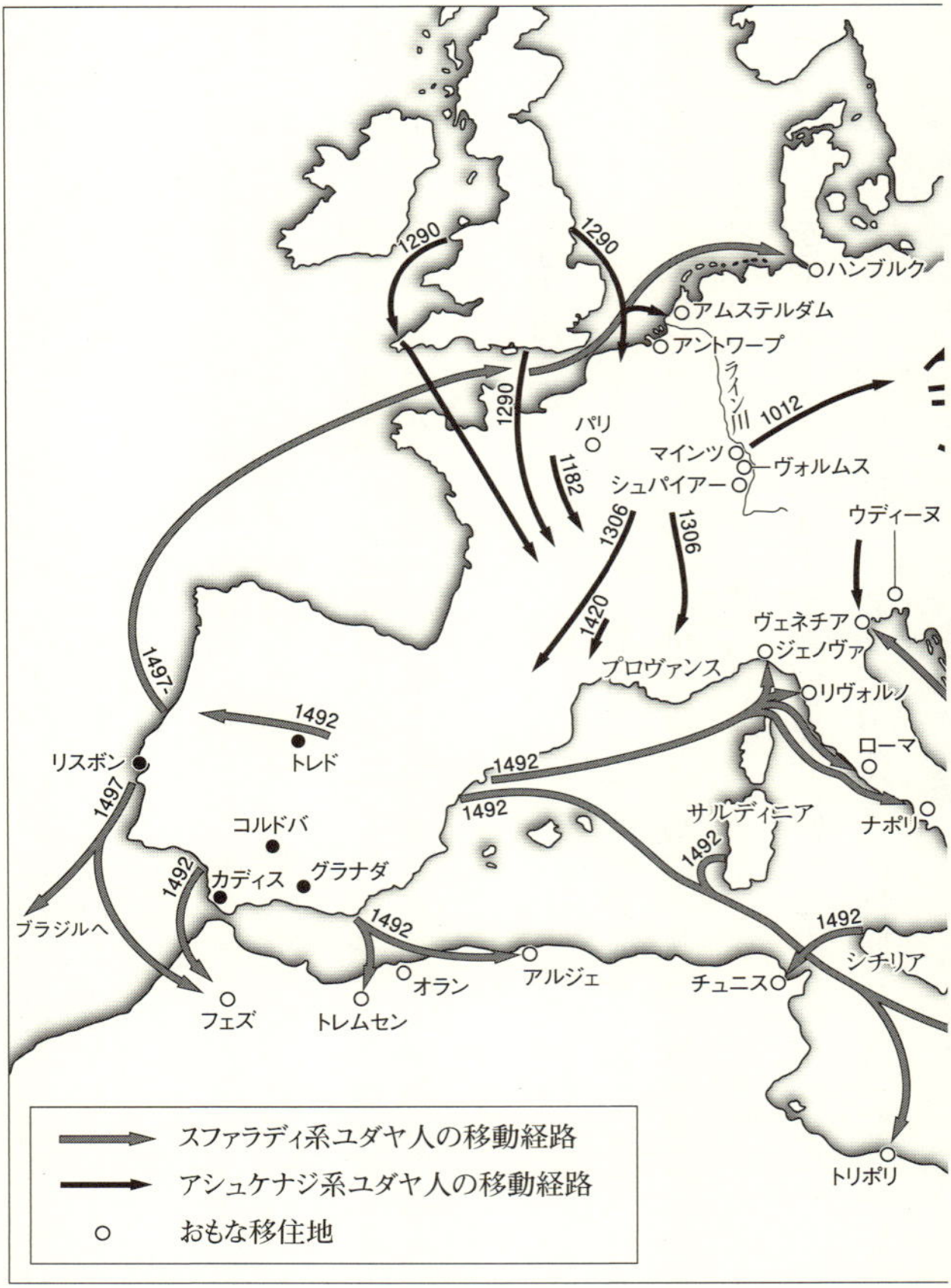

ユダヤ人の移動経路．ユダヤ共同体はそのヨーロッパにおける歴史
系」の2つがある．キリスト教徒の迫害を受けて追放されたユダヤ
て，古くから中東や北アフリカのイスラム圏に住んで今日に至った
印の数字は追放年(西暦)．

入れられつつあった。そうした宗教観からすれば、ユダヤ人にもキリスト教社会での共生の道が開かれることになる。ユダヤ人は、異教徒ではあるが経済的に有用で、社会的な貢献を期待できる。居住区を物理的に一か所に集中隔離し、一定の条件のもとに定住を許せば支障はないという考え方である。

その是非をめぐってヴェネチアの知識人の間で論戦が繰り広げられたが、こうした考え方はやがてアルプスを越え、オランダやドイツなど、当時ユダヤ人を多く抱える地域で受容されていく。その結果、一七世紀から一八世紀にかけて、オランダでのユダヤ人への市民権付与、ドイツ各地での宮廷ユダヤ人の活躍、ユダヤ人寛容令などに結実するのである。

新キリスト教徒の再改宗

一方、ポルトガルへ脱出し、さらにはオランダへ逃れていった人びともいた。ポルトガルに逃れた人びとのなかには、生き残り、世を渡るためにキリスト教へ改宗した者が多かったといわれる。彼らは「コンヴェルソ」と呼ばれた(「マラーノ」はその蔑称である)。コンヴェルソの家庭では、母親を通じて子どもへユダヤ教の信仰が密かに引き継がれていった。いわば潜伏ユダヤ教徒である彼らは、異端審問と虐殺から身を守ると同時に、長い時間をかけて国外の安全な場所を探索し、周到な計画のもとに移住を企てた。その行き先が新興国オランダであった。

一七世紀、ウェストファリア条約で独立を果たしたオランダは、信仰の自由を掲げて大航海時代をリードしはじめていた。オランダに無事たどり着いたコンヴェルソの人びとは、ユダヤ教へ再改宗すると、アムステルダムを中心にユダヤ社会を形成していった。イタリアのヴェネチアなどとともに、スファラディ系のユダヤ人たちが目指した都市には、大航海時代の国際交易の拠点が多い。オスマン帝国に渡ったユダヤ人たちとも繋がりを保ちながら、高い言語能力を活かして交易の担い手となることで、受け入れ先の国の繁栄に貢献していった。

オランダでは、ユダヤ人の交易活動がスペインから不当な扱いを受けたことに対抗し、一六五八年、ユダヤ人にオランダ市民権を付与して国際交易上の便宜を図ることまでした。この決定はやがて、ユダヤ人が西欧諸国で市民権を獲得する新たな道を開くことになる。異教徒として蔑視されることに変わりはないものの、西欧諸国が重商主義の時代を迎えるなか、それまではもっぱら迫害と追放の対象であったユダヤ人が、西欧のキリスト教社会でも生きられるようになったのである。余談だが、貿易商としてオランダの繁栄を支えたスファラディ系のコンヴェルソの子孫のひとりにスピノザ（一六三二－七七）がいる。

北米大陸へのユダヤ人移民がコンヴェルソから始まっていることも注目すべき点であろう。

また、ユダヤ人の移住によって国力を増強したオランダは、ピューリタン革命を指導したクロムウェルにも影響を与え、一二九〇年の追放以来、長らくユダヤ人を拒んできたイギリスで門戸開放が実現する。そして、ロンドンを拠点とするユダヤ商人のなかから北米へ入植する者が現れ、一七三〇年にはニューヨークのマンハッタンに、アメリカで初めてのシナゴーグが建設されるのである。

安住の地ポーランド

一方、アシュケナジ系ユダヤ人の足跡はどのようなものであったか。西欧キリスト教世界の勢力拡大は、一三四八年のペストの猛威も手伝って、ユダヤ人への迫害を激化させた。キリスト殺しの末裔、イエスの救いを頑固に拒む者といったイメージが流布し、いわゆる血の中傷事件が西欧各地で頻発する。ユダヤ人がキリスト教徒の幼児を殺害し、その血を過ぎ越し祭の種無しパンに入れたという虚偽の噂から発した暴動と虐殺である。

この時期から、アシュケナジ系のユダヤ人たちは徐々に東欧地域へと逃れていく。主要な行き先はポーランドである。なぜポーランドなのか。それは、一二六四年、ユダヤ人の居住と信仰の自由を認めるカリシュ憲章にもとづいて、ポーランドではユダヤ人の受け入れが早くから行われていたためである。一二四一年のモンゴルの侵略で多大な損害を被ったポーランド国王は、ドイツ方面からの移民を奨励し、国の復興を加速する必要に迫られていた。交易が得意で貨幣鋳造技術をもつユダヤ人集団に大きな期待が寄せられ、ユダヤ人に自治を与えて定着を促進する政策が実施されたのである。

一六世紀の宗教改革期には、ユダヤ教とプロテスタントの信仰を保障したことにより、ポーランドは欧州で最大のユダヤ人受け入れ国になった。一四世紀初めには約二万人であったユダヤ人の人口は、一七世紀半ばには五〇万人に増大している。東欧におけるユダヤ人の人口は二〇世紀前半には八〇〇万人に達するまでに至る。

受け入れに際して商業活動での自由を認める代わりに税を徴収したことは、ポーランドもオスマン帝国と同様である。国王はユダヤ人から税を一括して徴収できるよう、主席ラビを中心に全国的な統一自治組織を運営させた。ポーランドの行政区分に従って、ポズナニ、クラクフなどの重要都市をはじめ、各地で「ケヒラー」と呼ばれる共同体が組織された。ケヒラーを運営する評議会の委員たちは、共同体内の規則を制定し、ユダヤ教の教えに則ったハラハーの履行を監督した。

ポーランド，クラクフのユダヤ人が集住していたカジミエシュ地区．手前右に見える白い建物がスタラ・シナゴーグ．左の高い建物はキリスト教の教会．1890年頃．

シュテットルの生活

ユダヤ人は貴族の領地内に移住し、小都市の広場を中心に共同体を形成した。ユダヤ人が人口の過半数を占めるこのような小都市が、東欧に移住したユダヤ人特有の社会構造を発展させた。こうしたユダヤ人独自の小都市を、イディッシュ語で「シュテットル」という。

シュテットルではユダヤ教徒とキリスト教徒が互いに干渉することなく、それぞれ独自の生活空間を維持し共存していた。シュテットルに不可欠の施設として、まずシナゴーグがあり、児童の宗教学校へデルがあり、タルムードを学習するベイト・ミドラシュがある。高等教育のための学塾イェシヴァ、貧者への施しのための公共慈善施設、儀礼的な沐浴施設ミクヴェ、ヘブラー・カディシャーと呼ばれる葬儀組合も欠かせない。目抜き通りには青空市場が開かれ、ユダヤ教の食物規定に従った精肉業者や料理店が人びとの日常生活を支えていた。こうしたシュテットルは、西欧各地で造られていったゲットーとは根本的に異なるものである。伝統的な服装で暮らし、日々の祈りと祭日の賑わいのなかにささやかな喜びと安らぎを得る、ユダヤ人独自の生活世界があった。

ただし、ポーランドにおけるユダヤ人の繁栄は、王侯貴族の隆盛と結び付いてのものであった。国王の経済顧問として宮廷に進出した者もいれば、貴族の支配領地の管理を託された者もいた。アレンダという荘園の借地契約制度により、農地や牧草地をはじめ、森林、湖水、宿屋の経営からアルコールの販売まで、領地の全経営権が有力なユダヤ商人に委ねられた。このことから、貴族の支配と搾取に対する人びとの敵意と憎悪は、ユダヤ人にも向けられることになった。かつて西欧で広がった儀式殺人のいわれなき中傷が東欧でも広がっていく。

一七世紀半ばに起こったフミエルニツキの反乱は、ポーランド貴族の大土地支配へのウクライナ人とカザークの反抗であったが、ユダヤ人も大土地所有者の一味として虐殺の対象となった。この反乱以降、ポーランドの内政は不安定化し、周囲の侵略を受けて国力を衰微させていく。そして、一七七二年に始まるポーランド分割によって、ロシア、プロイセン、オーストリアの三帝国に征服されることになった。以後、三分割されて支配を受けるようになったポーランドのユダヤ人たちは、それぞれ異なる歴史を刻んでいくことになる。

ポーランドにおいて形成されたユダヤ社会は、西欧に比べて人口も多く、ケヒラー（ユダヤ共同体）への強い帰属意識をもとに統合されたものであり、ポーランド社会への帰属意識は稀薄であった。そのうえ、東欧においては西欧に比べて「国民（民族）」を基礎とする近代統一国家の形成が遅れたために、東欧のユダヤ人の帰属意識は、長らく伝統的なケヒラーに繋ぎ止められることとなった。その結果、近代に至ってもなお、東欧のユダヤ人はケヒラーの影響を強く受けていたと考えられる。

第3節　国民国家のなかで

メンデルスゾーン

ユダヤ人とキリスト教徒が経済的な利害関係を超えて人間的な交流を取り結ぶには、宗教的な所属の違いはなおも大きな障害であった。しかし、西欧の啓蒙思想が異なる宗派のキリスト教徒同士の寛容精神を育成するのに伴って、ユダヤ人の信仰に対する寛容の機運も高まっていく。その突破口を開いた人物が、モーゼス・メンデルスゾーンである。

ドイツ北東部デッサウ出身のメンデルスゾーンは、師匠のラビを追ってベルリンにやってくると、独学でヨーロッパの言語と学問を修得し、「ドイツ人ソクラテス」の異名を得て知識人との交わりも果たした。そして彼は、ドイツに住むユダヤ人がユダヤ教徒のままドイツ市民になる社会を実現するため、ユダヤ社会の中でさまざまな改革を試みていく。こうした一連の改革は、ユダヤ啓蒙主義（ハスカラー）運動と呼ばれる。その代表的な試みが、ドイツのユダヤ人たちのためにドイツ語訳の聖書を出版することだった。メンデルスゾーン自らが翻訳した聖書は、ドイツ語がヘブライ文字で表記され、ビウルというヘブライ語の註解が付されている。当時のドイツのユダヤ社会でヘブライ文字とイディッシュ語の文化が生きていたことがわかる。

モーゼス・メンデルスゾーン（1729-86）．ユダヤ啓蒙主義運動を牽引し，ユダヤ人への市民権付与について問題提起した．

文化的な壁を乗り越えてキリスト教徒たちの社会に参入し、しかもユダヤ教徒としての自覚を失わずにいること。そのためには、キリスト教徒の文化と世界観を学習するとともに、ユダヤ社会自体も変わっていく必要性があるとメンデルスゾーンは考えていた。ドイツのユダヤ人はユダヤ教を信仰するドイツ人であると捉え、信仰は人間の自然権であって国家はそれを強制することも奪うこともできない。そう論じる彼の主張は、キリスト教の異端に対する寛容論と軌を一にするものである。メンデルスゾーンのなかで、ユダヤ教（ユダイズム）は「民族」ではなく「宗教」と概念づけられていた。

彼はまた、一七八三年、国家と宗教との関係についての著書『イェルサレム』を出版して、宗教と政治のあるべき関係を論じている。彼はこの著作で早くも、ユダヤ教は宗教か民族かという問題を、国民国家における政治的権利の問題、すなわちユダヤ人への市民権付与の問題として提起している。

メンデルスゾーンがドイツ人の文豪レッシングと結んだ友情は、ユダヤ教とキリスト教の両宗教間の友好を目指してのものだったのかもしれない。一方のレッシングも、メンデルスゾーンの人となりを彷彿させるユダヤ人を主人公とした戯曲『賢人ナータン』（一七七九年）を遺している。三つの一神教の理想的な関係を描いた啓蒙思想の金字塔であり、いまもドイツで上演される秀作である。宗教の正邪はその信者の思いと行動によってのみ測られる。そのことを、ユダヤ商人ナータンは指輪にまつわる故事を引いて語り、イスラムのスルタン・サラディンを感激させるという物語である。

フランス革命の衝撃

メンデルスゾーンが没したのはフランス革命の三年前であった。彼の思想に共鳴したドイツの官僚クリスティアン・ドームは、ユダヤ人に対するドイツ人の偏見に果敢に挑戦する論文を書き上げた。その思想がフランス革命の指導者に受け継がれる。フランスの人権宣言はユダヤ人も対象とされ、革命議会においてユダヤ人への市民権付与が決定された。近代国家の設立に伴って、ユダヤ人も同等の権利をもつフランス国民の一員となったのである。

これがユダヤ人たちにとっていかに衝撃的なことであったか。それは、ユダヤ人への迫害の歴史を思えば理解できるであろう。ユダヤ人に対する偏見は容易には改善しなかったが、後にナポレオンが、ユダヤ教の政教分離を要請するべくヨーロッパ全域からラビを召集したとき、ラビたちはナポレオンを「神に選ばれた人」として称賛した。信教の自由を認めながら、市民権を与えたことに対して賛辞を贈ったのである。

このときからユダヤ教は、トーラー（モーセ五書）のうち神と人との関係を律する宗教的戒律のみを要素とする、近代憲法がいうところの「宗教」に変わったといえるだろう。ユダヤ人は信教の自由を享受しつつ、モーセの律法を信じるフランス市民となった。彼らは偏見の染み込んだ「ユダヤ」という名称に変えて「イスラエリット」と自称するようになる。フランスのユダヤ人は、数の上では他の地域に比べて微々たるものであった。しかし、フランス革命の理念がユダヤ人に市民権を付与したことの意義と影響力の大きさは計り知れない。この後、国民国家の理念はドイツをはじめ中欧諸国へと拡大し、市民権を得たユダヤ人は「国民」に同化されていくのである。

われわれは何者か？

近代の西欧社会は、少数集団が抑圧を受けることなく能力を発揮できるようになったという点で画期的な時代をもたらした。なかでもユダヤ人からの人材輩出は群を抜いている。一九世紀になると、ユダヤ系の優れた学者、芸術家が陸続と登場した。これは、同時代の西欧キリスト教世界における学問、芸術、経済の急速な発展と呼応しているが、ユダヤ社会が伝統的に学問を重んじてきたこととも無関係ではないだろう。フロイトは「ユダヤ性」の特徴として、偏見のなさ、少数者であること、不安定の三つを挙げている。

西欧社会で活躍したユダヤ人は、そのほとんどが同化ユダヤ人かキリスト教への改宗者となったが、ユダヤ教は当時の世俗化の波のなかで複数の宗派を生み出していった。フランスでは同化を推進する長老会に一元化されたのに対して、ドイツでは改革派、新正統派、保守派が生まれた。そのなかでユダヤ人は、自分が何者で、何に帰属し、どう生きていくか、伝統的なユダヤ社会と新たに生まれた国家との間で、アイデンティティの問題に直面することとなった。

一九世紀前半の西欧は、すべての人間が基本的に平等であるという理念が広がった稀にみる時代で、一八七〇年代にはユダヤ人の市民権獲得があまねく実現した。しかし、現実の人間関係が理念どおりにいかないこともまた事実である。変革が根本的かつ急激であったことから、人びとの不平、不満、憎悪は、戦争や不況などをきっかけに一挙に暴発しかねない危険な状態にあった。そうした不満や憎悪が一時のものでなく、何らかの思想を伴うイデオロギーとして求心力をもちはじめたとき、極めて深刻な事態に発展する。普仏戦争でプロイセンに敗れた後のフランスがまさにその典型である。偏狭な愛国主義が反ユダヤ主義の偏見を一挙に蔓延させ、その流れはドレフュス事件で最高潮に達した。しかし、革命以来の人権思想を掲げる人びとの果敢な抵抗によって、フランスでは辛くも秩序を回復させることができた。

ポグロムの恐怖

ここで東欧に目を転じてみよう。ポーランド分割によりロシア帝国に組み込まれたユダヤ人は、ロシアの同化政策や厳しい徴兵制度に苦しみながらも、一九世紀末には五〇〇万人もの人

1903年ロシアのキシニョフ市で起こったポグロム．家屋を破壊され，頭をかかえて悲嘆に暮れる女性（写真右方）．

口を擁するに至った。ロシアでもかつてのポーランドと同様のシュテットルが発展している。

ところが、一八八一年、皇帝アレクサンドル二世が暗殺され、一味にユダヤ人女性が含まれていたことから、ユダヤ人への憎悪が一挙に沸騰した。帝国が設定した「ユダヤ人居住区域」内にある多くの都市でユダヤ人への暴力と迫害が連鎖的に起こり、多くの死者を出すとともに家屋や商店が破壊された。そのあまりの惨状に、ロシア語で破壊を意味する「ポグロム」がユダヤ人の迫害と虐殺を指す言葉となった。

その後、ユダヤ人への憎悪がますます顕在化するなか、一九〇三年には、キシニョフ市（キシナウ市）で再びポグロムが発生する。なたで手足を切断する凶悪な暴力により多くの死傷者を出し、ロシアに住むユダヤ人は生存の危機に追い込まれた。こうした一連のテロの恐怖は、ロシアのユダヤ知識人から国民国家への同化の夢を奪った。皇帝暗殺事件は、社会主義革命運動に身を投ずる者やパレスチナへの移住を志す者（「シオンを愛する者たち」ホヴェヴェイ・ツィオン)を生み出すとともに、欧米への移住を目指す大きな波を生むことにもなった。アメリカへ移住したロシア系のユダヤ人は、一九二四年にアメリカ移民法が改正され入国に制限が課されるまで、じつに二〇〇万人以上に達している。

少数集団であるためか、アメリカ史のなかでユダヤ人が注目されることは少ない。しかし、「シュテットルからビルの玄関先へ」と表現されるように、シュテットルの青空市場の喧噪は、マンハッタンのロウアー・イースト・サイドにあるビル群の玄関先でそのまま再現されている。東欧のユダヤ社会は、その後、ナチス・ドイツによるショアー(ホロコースト)でも壊滅的な打撃を受けたが、イディッシュの文化はアメリカで生き残った。アメリカへ渡ったユダヤ人のなかには、映画産業やエンターテインメントの世界で名を成す者も多数生まれた。たとえば、ブロードウェイ・ミュージカルの〈屋根の上のバイオリン弾き〉も、ショアーで犠牲となった東欧の同胞たちへの鎮魂劇であると思って観れば、その印象もおのずと違ってくるだろう。

アウシュヴィッツへ

第一次世界大戦後のヴェルサイユ体制が生み出した問題は、民族自決の思想の実践に際して、マイノリティ(少数異民族・少数宗教集団)の生存権をいかに保障するかというものであった。ヒトラーの率いるナチス・ドイツはその問題を、東欧に取り残されたドイツ人の生存圏を確保するという名目のもと、軍備拡張と侵略征服のための口実に利用した。ヒトラーの極端な思想について考えるうえで、一九二〇年代のウィーンに吹き荒れた、ユダヤ人を共産主義者と鼓吹しつつ、疫病神のごとく徹底的に罵倒する人種差別的反ユダヤ主義との関わりを見逃すことはできない。

かつてプロイセンのユンカー（大地主貴族）が保持していた、服従、勤勉、倹約、柔和、敬虔、忍耐、謙遜、宗教的寛容といった精神的態度は、一九世紀の初めに従来の差別的法律を撤廃し、ユダヤ人をドイツ社会に受容する要因にもなった。こうした寛容なドイツ社会は、第一次世界大戦の敗戦につづくわずか十数年で影を潜めた。第一次大戦後のドイツが、ヴァイマール憲法の個人主義的自由主義からナチズムの民族主義的全体主義へと急旋回したとき、ユダヤ人の悲劇が起こる。ショアーである。ドイツのユダヤ人は、差別・隔離・殺戮の地獄へと突き落とされた。ナチズムはやがて、東欧全域におけるユダヤ人の生存の脅威になっていく。

ナチスは、一九三三年から三五年にかけて、ユダヤ人を排斥するさまざまな施策を実行していく。一九三三年四月にユダヤ人の公職追放が行われ、三五年には、一連のニュルンベルク諸法が制定された。帝国公民法ではドイツ市民はアーリア人の血統をもつ者のみに限られ、ゲルマン人血統保護法ではユダヤ人とアーリア系ドイツ人との混合婚が禁止された。さらには断種法も実施された。こうした法令とともに、アーリア人種の神話によってドイツ人の優秀性が強調され、一七五〇年までさかのぼって血統が調査された。ヒトラーのため祖国のために奉仕する、純潔で「遺伝疾患」のないアーリア人を最高の理想とするイデオロギーが国是となった。

ナチスの最終目標は、ドイツによる世界の新秩序建設である。その第一段階は、東欧にドイツ人の生存圏を確保し、帝国への併合地で民族を浄化してドイツ農民を移住させることであった。隣接地域は植民地化され、スラヴ人はドイツに従属する労働者として食糧と工業資源の供給を求められた。その障害となるポーランドの三五〇万人のユダヤ人は、当初から殺戮の対象であった。新秩序建設の第二段階がユダヤ人絶滅計画、いわゆるユダヤ人問題の「最終解決」である。その実行にあたっては、ガス室

アウシュヴィッツ第二強制収容所ビルケナウ．ポーランド南部の都市オシフィエンチムの近隣にある．線路はユダヤ人を移送してきた列車の引き込み線．

などを備えた絶滅収容所がトレブリンカ、ソビブル、マイダネクなど、ポーランドの各地に建設された。そして一九四二年には、ユダヤ人を中心とする「劣等人種」の絶滅計画が実行に移される。その象徴がアウシュヴィッツ第二強制収容所ビルケナウである。

恐怖政治が言論を抑圧し、思想的抵抗を麻痺させた結果とはいえ、非人間化の極致ともいえる蛮行が二〇世紀のヨーロッパで起こった。詩人ハイネはすでに一九世紀の前半、ドイツ人の精神的傾向を察知して、フランス革命の惨劇が児戯と思えるほどの革命が、将来ドイツに生起すると予想していた。宗教と哲学の形而上革命の先に、形而下の革命が必ず起こるだろうというのである。カント以後、ドイツが無神論革命へ突き進んだ先にプロイセンの軍国主義が、そのさらに先にナチスの民族主義的全体主義が生まれる必然性があったというのであろうか。

第二次世界大戦の終結後、東欧におけるユダヤ人の大虐殺は「ホロコースト」という言葉で、アメリカによって初めて世界に知らされた。ホロコーストという言葉は元来、ユダヤ教のなかでも最も神聖な「全燔祭《ぜんはんさい》」(すべてを焼き尽くす意。ヘブライ語でオーラー)をギリシア語に翻訳したときの言葉である。これに第二の意味として「ユダヤ人大虐殺」が加わった。死後の復活を希求するユダヤ教は土葬を原則とするが、ナチスによって火に焼かれた過酷な現実を、まるで聖書の供犠《くぎ》に比するかのような言葉で表現することに違和感を覚える人びともいる。彼らは、この人類史上稀にみる蛮行に対して、ヘブライ語で破壊を意味する「ショアー」の語を用いている。

世界帝国の興亡とユダヤ人

現在、ユダヤ人の暮らす国で上位に位置するのは、イスラエル、アメリカ合衆国の二国である。イスラエルの場合はもちろん、一九四八年の建国以来の帰還運動による結果である。それまで一千年以上にわたって世界各地に離散していたユダヤ人が、第二次大戦後の国際情勢の激変を受け、大挙してイスラエルに移住した。これは、ユダヤの歴史のなかでも他に類を見ない、きわめて現代的な現象である。

一方、アメリカでの状況変化は、ユダヤ人の人口の移動をみれば一目瞭然である。一九世紀半ばには、ユダヤ人の約七〇％が東欧、とりわけポーランドからウクライナにかけての地域に生活し、残りの三〇％弱が中欧（ドイツ）および西欧、中東に暮らしていた。南米・北米に住むユダヤ人は全体の二―三％でしかなかった。それが一八八〇年代になると、ロシア皇帝暗殺を契機としてロシア領内のユダヤ人居住区域で反ユダヤ主義の暴動が激化し、貧困と流転のなかで国外へ脱出していく人びとが急増する。彼らの目指した先がアメリカ合衆国であった。

アメリカのユダヤ人移民．入国審査を受けるためエリス島へ向かう移民船の上だろうか，背後にマンハッタンが見える．

ある統計によると、一九三五年頃には、イディッシュ語を話すユダヤ人が世界で約一〇七〇万人いたという。地域別にみると、東欧および中欧が六七六万人、北米が二九八万人で、この両地域で全体の九割以上を占めていた（上田和夫「イディッシュ語」『言語学大辞典 第一巻』三省堂、一九八八年）。これは、第二次大戦直前の時点ですでに、アメリカではユダヤ人が増えており、逆に東欧のユダヤ人が相対的に減っていたこと、しかも、東欧のユダヤ人の移住先がおもにアメリカであったことを示唆している。このような人口の移動が第二次大戦とそれに伴う国際情勢の変化によって加速し、アメリカにユダヤ人が集中するようになったのである。

このような変化を世界帝国の興亡の歴史と重ねてみると、興味深い対応関係が見出される。東欧のユダヤ人の移住と戦後のアメリカの繁栄は、あたかも世界史の大きな流れを暗示しているかのように見えるのである。戦後、アメリカが果たしたのと同様の役割を、かつての世界帝国も果たしてきた。オスマン帝国とオランダは、レコンキスタでイベリア半島を追放されたユダヤ人たちが見出した安住の地であり、活躍の舞台であった。また、キリスト教化される以前のスペインは、ユダヤ文化の一大中心地に他ならなかった。アッバス朝の最盛期は、バビロニアで二つの学塾(イェシヴァ)が栄えたゲオニーム時代と重なる。ユダヤの人びとが移り住むことは、その国に将来への秘められた可能性があることを、またその国に躍動する自由があることを示す証しなのである。

「ユダヤ人」という選択肢

第二次大戦後、国際連合の総会でパレスチナ二カ国分離案が可決承認され、ユダヤ人国家イスラエルの独立が宣言された。ここに、ユダヤ人を民族集団とする見方が、国連の承認を経て国際的に認知されるかたちとなった。世俗主義のユダヤ人国家という、それまでのユダヤ社会で想定されたことのない、まったく新しい社会が現実のものとなった。その結果、イスラエルのユダヤ人は世俗的な国家の国民として、政治、経済、外交、さらには軍事など、さまざまな現実的問題と直面することになった。

ユダヤ人国家建設の理念の源流をたどると、一九世紀ウィーンの同化ユダヤ人であったテオドール・ヘルツル(一八六〇－一九〇四)に行き当たる。ヘルツルの唱えたシオニズムについては後述することになるだろう。ここでひとつ言及しておきたいことは、ヘルツルのシオニズムが、国民国家への同化をユダヤ人救済の道と捉える見方へのアンチテーゼとして登場したことである。民族意識の形成を重視するヘルツルは、ユダヤ人は独自の国民であると主張した。この主張を実践するとすれば必然的に、ユダヤ人は西欧諸国の国民として同化する道を放棄して、独自の国家を建設するという政治的な目標と結び付くことになる。イスラエルの建国によってヘルツルの主張は現実のものとなり、本気にされなかった空想的理念が、政治を動かす国家理念へと変化したのである。

二一世紀の今日、ユダヤ人は近代以前のような流浪の民でもなければ、捕囚の民でもない。選ばれた民でもなければ、蔑まれた民でもない。いまやユダヤ教には多様な宗派が存在する。そのなかで、ユダヤ人自身、自分は何者かを再確認し、自覚することから始めねばならない状況が生まれている。ユダヤ人という「前提」自体、もはや「選択肢」の一つとなったのが現代である。その選択肢の前に立つ人は、いまの自分があるのはラビ・ユダヤ教の存在を通してであることを確認する一方、ユダヤ教を捨てるにせよ、ユダヤ教を守り続けるにせよ、どうあるべきかはすべて自分で決められるようになった。また、改宗制度によって非ユダヤ人にもユダヤ人となる道が許されている。そういう意味で、「ユダヤ人」という選択肢は未来に開かれているといえる。そして、その「ユダヤ人」という選択肢こそが、これからのユダヤ人の歴史の行方を左右することになるのではなかろうか。

第2章　信仰から見る

第1節　ラビ・ユダヤ教

ユダヤ教は宗教なのか

ユダヤ人はさまざまな時代と地域を生きてきたが、そもそもどういう思いで、何を目指して生きてきたのか。本章ではその思惟と実践、想像力のあり方を見ていこう。

ユダヤ人の共同体を特徴づけるものは、一般に「ユダヤ教」と呼びならわされている。しかし、ユダヤ系の学者が語るユダヤ教の概説を見ると、「ユダヤ教は宗教ではない」とか、「宗教という概念をユダヤ教に無理に当てはめると、囚人服のように居心地が悪い」というような表現に出くわす。それは、英語のレリジョン(religion)の意味での「宗教」は、一般にキリスト教を基準に、信仰対象としての唯一神、世界観を含めた教義体系、礼拝行為を定めた儀礼体系、明確な信徒集団などの諸要素を備えたものを指しているからである。こうした意味での「宗教」に沿って見れば、日本の神道も教義体系や信徒集団がはっきりせず、定義とうまく適合しないことになる。

ユダイズムとユダヤ教

「イスラム世界」というとき、それは信者の多寡だけでなく、日常生活のあらゆる規定も含めたイスラム法(シャリーア)が施行される世界のことを意味する。ユダヤ教も同様で、ユダヤ教の神を信仰するだけにとどまらない領域が厳然として存在する。それが「啓示法の支配」という領域である。ユダヤ教の世界はキリスト教の世界とは異なり、「宗教」から切り離された世俗法の領域は存在しない。

では、ユダヤ人たちはどのようにして、その独自の精神文化を形成したのだろうか。ユダヤ教の文化を生み出したヘブライ語の語彙には、「宗教」に該当する言葉がなかったといわれる。現在は便宜的に「ダト(Dat)」という言葉がそれに当てられているが、これは元来、法制度や法秩序を意味する言葉であった。「ダト」という言葉が使われたのは、バビロン捕囚時代(紀元前六世紀)にさかのぼる。その頃の古代ユダヤ人の社会では、神の定めた法秩序のことをダトと呼んでいた。似たような表現に、古代インドの「ダルマ」という言葉がある。

その後、アレクサンドロス大王の東征に伴い、ギリシア文化と出合ったユダヤ人たちは強い衝撃を受け、これに魅了された。割礼の跡を消そうと涙ぐましい努力をする若者が続出したともいわれる。しかし、独自の歴史と思想をもっと自覚する多くのユダヤ人は、ギリシア文化に自分たちとは異質なものを感じた。そこで、ギリシア文化とは違う自分たち独自の精神文化を総称する、ギリシア語で「ユダイスモス」という概念を考案した。ユダイスモスは、ギリシア語で伝わる七十人訳聖書の『第二マカバイ記』の中で用いられる言葉だが、これが転じて「ユダイズム」という言葉が生まれた。現代の私たちはそのユダイズムを、いわゆる「ユダヤ教」と呼んでいるのである。

ユダイズムとは何か

では、「ユダイズム」とは何を意味するのか。時はユダヤが独立したハスモン朝、ヘロデ朝、そして帝政ローマの直接支配の時代である。ユダヤの人びとの間でそれが大問題となった。神の言葉の正統な解釈者は誰なのか。唯一神がモーセに啓示した言葉の所持者。神に選ばれて契約を結んだ人たちの子孫。神との肉の契約として割礼をおこなう集団。安息日を神の聖なる日として一切の仕事を禁じた民。正当な支配者は誰なのか。ダビデ王家に永遠の支配を約束した神。永遠の都エルサレムで神殿祭儀を求める神。そして、メシアはいつ来るのか。

サドカイ派、パリサイ派、エッセネ派という集団、死海文書を残したとされるクムラン宗団、イエスを中心とするナザレ派、あるいはユダヤの大祭司権や王権の担い手など、さまざまな集団やセクトが生まれ、こうした問題をめぐって人びとは互いに主張し、議論を闘わせた。それは「ユダヤ人とは何者なのか」という根本問題をめぐる議論であった。ローマとの存亡をかけた二度にわたる戦争のなかで、この問いはさらに切実なものとなった。

そこで問われたユダイズムの概念を、キリスト教の世界でしばしば言及されるヘブライズムの概念と混同してはならない。両者はまったく別の概念である。ヘブライズムとは、モーセの律法が与えられる以前の、アブラハムにさかのぼる一神教信仰を指す概念である。このアブラハム的一神教が預言者を通じてキリスト教へ展開したと、キリスト教の世界では想定している。しかし、ギリシア文明を継承した異邦人のキリスト教が、特殊ユダヤ的概念であるユダイズムを正当に理解しているとは言い難い。

ローマとの戦いの結末は悲惨だった。国家の滅亡、神殿の崩壊、そしてエルサレムからの追放。この経験は現在もユダヤ人の自己意識に強く刻印され、「自分たちは、西暦七〇年の神殿崩壊後、世界中に離散して今日を迎えた」という歴史意識が共有されている。ユダヤ教について考えるうえでは、ローマとの戦争後にユダヤ社会がどのような思想と制度を形成したかを知ることが重要である。

持ち運びのできる国家

西暦七〇年の第二神殿崩壊を起点とする、その後のユダイズムのことを「ラビ・ユダヤ教」と呼ぶのが一般的である。ラビ・ユダヤ教はいわば「生き残ったユダイズム」である。これは、ラビと総称される律法学者によって構想され組織化されたユダヤ共同体の思想と実践を指す。ラビ・ユダヤ教が歴史上いつ始まったかは議論の余地があるが、その歴史的実体を否定することは難しい。

ラビ・ユダヤ教成立のひとつの目安となるのが、西暦二〇〇年頃に編纂された「ミシュナ」という口伝律法集の存在である。ミシュナは、全六巻六三篇からなる法規範の集成で、ラビ・ユダ・ハナスィという権威によって成された欽定編纂書である。その特徴として三つ挙げてみよう。第一は、宗教的規範のみならず、社会的法規範を包括するものであること。第二は、口伝トーラー(口伝律法)として位置づけられたこと。そして第三は、ヘブライ語で書かれていること。以上の三つである。

ユダヤ人は、自分たちの社会が消滅の危機に瀕したとき、社会を存続させるために、生活のすべてを神の法によって統治する方法を模索した。ミシュナの内容を見れば、彼らがそこに社会の存続のために必要と考えた事柄が詰まっている。柳田國男は『日本の祭』のなかで、社会というものを成り立たせる三つの要素を挙げている。①神と人との関係、②親族組織形成の規則、そして③共有地の規則である。最後の③を少し敷衍すれば「社会生活上のルール」ということになろう。ミシュナ全六巻の内容を見ると、以上の三つの要素がすべて備わっていることがわかる。

ミシュナ全六巻のうち第一巻、第二巻、第五巻、第六巻の四つは、主なる神とユダヤの民との関係を律する事柄である。礼拝とイスラエルの地の農産物奉納を定めた第一巻、祭日の規定を集めた第二巻、神殿供犠の規則集である第五巻と、穢《けが》れとその清め方を定めた第六巻である。これらは狭い意味での「宗教」に該当する要素である。

しかし、ミシュナの内容はそれだけではない。この他に、親族を形成して子孫を残すことや、結婚と離婚に関する家族法を定めた第三巻があり、ユダヤ人同士の日常生活に関するルールを定めた第四巻がある。とくに第四巻には、刑事罰と法廷における裁判の規定などのほか、土地や家屋の賃貸借をめぐる細かな事例に対する法規定も並んでいる。土地や家屋は経済学の用語でいえば「生産要素」に当たるものであり、生産要素に関する法整備は通常、国家の役割とみなされる。同時代のローマ帝国に、世俗権力の担ったローマ法が存在したのと好対照をなす。

つまり、ミシュナは、ラビたち律法学者によって営まれる「持ち運びのできる国家」に他なら

第4巻　ネズィキーン(損害)　刑事法・市民法について	
バヴァ・カマ篇	不法行為
バヴァ・メツィア篇	市民法
バヴァ・バトラ篇	財産法
サンヘドリン篇	法廷・裁判組織
マッコート篇	体罰(申 25:2)
シュヴオート篇	法律上の誓言
エドゥヨート篇	証言
アヴォダー・ザラー篇	異教崇拝
アヴォート篇	父祖の遺訓
ホーラヨート篇	法廷の誤審と民の責任(レ 4:22 以下)
第5巻　コダシーム(聖物)　神殿供犠について	
ゼヴァヒーム篇	家畜のいけにえ
メナホート篇	血のいけにえ以外の供物
フリーン篇	食用のための屠畜
ベホーロート篇	家畜の初子(申 15:19 以下)
アラヒーン篇	誓言の実行(レ 27:1-8)
テムラー篇	いけにえの交換(レ 27:10)
ケリトート篇	追放罰(レ 18:29)
メイラー篇	神殿財産の誤用(レ 5:15-16)
タミード篇	日々の捧げ物(民 28:3-4)
ミッドート篇	神殿の構造
キンニーム篇	鳥の捧げ物(レ 5:7 以下)
第6巻　トホロート(清浄)　穢れの諸原因とその清め方について	
ケリーム篇	器の不浄
オホロート篇	死者による天幕内の穢れ(民 19:14-15)
ネガイーム篇	重い皮膚病の清め(レ 13, 14)
パラー篇	赤い雌牛(民 19)
トホロート篇	儀礼的な清浄
ミクヴォオート篇	儀礼用水槽
ニッダー篇	女性の生理の不浄
マフシリーン篇	食物を不浄にする液体(レ 11:37-38)
ザヴィーム篇	男性の不浄な漏出(レ 15)
テヴール・ヨーム篇	日没まで穢れる不浄(レ 22:6-7)
ヤダイム篇	手の不浄と清め方
ウクツィーン篇	穢れを伝染させる植物の部位

ミシュナの全巻構成

第1巻　ゼライーム(種子)　祈りと農産物の奉納について	
ベラホート篇	祈りと祝禱
ペアー篇	貧しい者のための畑の一隅(レ 19:9-10)
デマーイ篇	十分の一税の取り分けが疑わしい穀物
キルアイム篇	異種交配(申 22:9-11)
シュヴィイート篇	休耕の年，いわゆる安息年(出 23:10-11)
テルモート篇	祭司への贈物(レ 22:10-14)
マアスロート篇	十分の一税(民 18:21)
マアセル・シェニー篇	神殿へ捧げる第二の十分の一税(申 14:22以下)
ハッラー篇	練り粉の供物(民 15:17-21)
オルラー篇	果樹の若木の扱い(レ 19:23-25)
ビックリーム篇	初物の果樹(レ 26:1-11)
第2巻　モエード(祭日)　神との出会いの場について	
シャバット篇	安息日に禁じられる仕事
エルヴィーン篇	安息日の移動制限の融合
ペサヒーム篇	過ぎ越し祭
シュカリーム篇	命の代償額(出 30:11-16)
ヨーマ篇	贖罪日
スッカー篇	仮庵祭
ベーツァー篇	祭日の規則
ローシュ・ハシャナー篇	新年祭の祝い
タアニート篇	断食
メギラー篇	エステル記とトーラーの朗読
モエード・カタン篇	半祭日(祭りの中間日)の規定
ハギガー篇	3つの巡礼祭の供物(申 16:16-17)
第3巻　ナシーム(女性)　婚姻法・家族法について	
イェヴァモート篇	レヴィラート婚(申 25:5-10)
ケトゥボート篇	結婚契約書
ネダリーム篇	誓い(民 30)
ナズィール篇	ナジル誓願(民 6)
ソーター篇	妻の不倫の疑惑(民 5:11以下)
ギッティーン篇	離婚
キドゥシーン篇	結婚

＊出＝出エジプト記，レ＝レビ記，民＝民数記，申＝申命記

ない。世界のどこにいようとも、ミシュナさえあればユダヤ社会は維持できるのである。

二重のトーラー

ミシュナは「繰り返し語られた教え」を意味するヘブライ語であり、元来は、口伝で教えられ伝達されてきた法規範である。そのため、法文は簡潔で記憶に適する様式になっている。ミシュナは「口伝トーラー」という位置づけを与えられ、神が預言者モーセに口頭で伝えた教えとされた。これに対して、文字によって伝えられた「成文トーラー」が、いわゆるモーセ五書、『創世記』『出エジプト記』『レビ記』『民数記』『申命記』である。日本語訳聖書では、トーラーを律法と呼んでいる。

ラビ・ユダヤ教はここに「二重のトーラー」という観念を確立させた。唯一神がシナイ山でモーセに啓示した教えには、文字に記された成文トーラーと口頭で伝えられた口伝トーラーの両方が存在するという観念である。口伝トーラーはモーセからヨシュア、長老、預言者、大集会の人びとを経て、ラビたちユダヤ賢者に継承されたと信じられた。口伝の教えはモーセ以来、途切れることなく伝えられ、当然ながらヘブライ語を基本にしている。

ミシュナの成立により口伝トーラーという概念が生まれたとき、成文トーラーという概念も明確に意識されることになった。それまで、パレスチナのユダヤ社会では、ギリシア文化の影響のもと、ギリシア語訳聖書（七十人訳聖書）も出回っていた。しかし、ラビたちは、神殿崩壊後に、正典としてのヘブライ語聖書を確定し、聖霊に鼓吹された預言と認められない書物は排除され秘匿された。今日までキリスト教世界で伝えられた旧約聖書外典はまさに「外典」で、そうした排除された書物類を指している。これらは、主としてヘレニズム時代（紀元前三三四－前三〇）のユダヤ社会に発するものであることから、ラビたちがギリシアの思想を排除したことがはっきりとわかる。その結果として生まれた正典ヘブライ語聖書は三部構成で、「ミクラー」と呼ばれる。第一部がトーラー（律法）、第二部が預言者、第三部が諸書と呼ばれ、その頭文字をつなげて「タナッハ」と呼ばれることもある。

口伝トーラーは「ハラハー」と「アガダー」に分類された。ハラハーは法規範を扱い、アガダーはそれ以外の神学や倫理、人物伝や聖書註解を扱う。簡潔な口伝の規範のことをミシユナと呼び、成文律法

トーラーの巻物．ヴェルヴェットの織物で包まれて保管されている．イスラエル博物館蔵．

などの聖書を註解する営みを「ミドラシュ」と呼んでいる。成文と口伝という二重のトーラーによって、ラビ・ユダヤ教は、神の言葉の学習を社会の基本に据えたのである。

ラビたちの決断

ラビたちが神の言葉の学習を中心に据えたことは、ヘブライ語を民族の言語として選び取ったことを意味した。アレクサンドロス大王の東征以来、ヘレニズム文化の強い影響のもとで五〇〇年近くを経過した時点での決断である。ラビたちは、ユダヤ人がギリシア語の文化から離脱して生きる道を選択したのである。

それまでのユダヤ教にはギリシア語の影響が顕著であった。アレクサンドリアにはユダヤ人の社会が栄えていたが、シリアから小アジア、ギリシア地方への盛んな植民活動が展開されていた。また、ギリシア語訳聖書が作られ、哲学者のフィロンが哲学と神の啓示の総合を企ててギリシア語で著作を出し、フラウィウス・ヨセフスもギリシア語で『ユダヤ戦記』などの著作を残した。こうしたギリシア文化の特徴でもある個人名による著作は、ラビたちは皆無といってよいほど残していない。神の教えを学ぶことこそ最も大事な人間の営みであるとみなして、個人名による著作や個人の人生を主題にした著作を潔癖なまでに拒否したのである。

第２節　ユダヤ教の根本原則

トーラーに従って生きる

ラビ・ユダヤ教に従うユダヤ人にとって、主なる神である唯一神を信じることは当然であって、求められているのは神の教えに従った行動である。その行動指針を提示したのが、ラビたち律法学者である。誰でもモーセの律法を読むことはできる。しかし、具体的に何をすべきかに関しては、ラビたちの教えに従うことが義務づけられた。ラビの解釈が権威を帯びたのである。したがって、ナザレのイエスをメシアと信じて従うのは異端である。八世紀に出現したカライ派という集団は、ラビたちの教えを否定して、自分たちが理性に従って導いた教えを優先したために分派となり、後には別の宗教とみなされていった。

ラビたちがユダヤ社会で権威を承認された最大の理由は、彼らの知識と行いに対する民からの信頼にある。彼らが、イスラエルの神の根本原則を正当に継承していると認められたからといってもよい。生ける神はつねに神殿に臨在して、聖なるエネルギーをこの地上へ発散する。ラビたちは、祭儀の特権階級であった祭司ではないが、供犠の正しいやり方を知り、神の聖なるエネルギーを受けとめ、トーラーを正しく解釈できる人たちであると、ユダヤの民に認められていた。

神殿供犠が途絶しても、それに代わる贖《あなが》いの方法がラビたちによって見出された。それが、祈りであり、トーラーの行と学であった。「人はパンだけで生きるのではない。神の口から出る一つひとつの言葉で生きるのである」。これは『申命記』八章三節の一節である。イエスの教えにも出てくるが、ラビたちも重視したトーラーの言葉である。パンはもちろん命の糧である。しかし、神の言葉もまた命の糧とせよ。これは、トーラーに従って生きることを意味する。ラビたちの口伝トーラーを知ることによって、ユダヤ教の具体的な姿が現れてくるのである。

神殿の供犠

ラビの権威は、第二神殿崩壊の前にすでに神殿儀礼のなかに浸透してきていた。ラビの解釈が神殿儀礼を変えつつあったのである。そのなかでも基本的な儀礼が、毎朝夕の子羊の奉納であった。これは「コルバン・タミード(常のいけにえ)」と呼ばれ、いけにえの聖性の最高段階である全燔祭《ぜんはんさい》である。日の出とともに一頭が捧げられ、日没の前に一頭が捧げられた。この供犠は民全員に課せられた公共の供犠で、神殿税で賄われるものと解釈された。この儀礼では、途中で祭司たちは別室に集まり、トーラーを朗読し神への賛美と請願を行ってから、祭壇にいけにえを捧げた。この朗読のことを「シュマアの朗読」と呼ぶ。

神殿が破壊されたのち、ラビたちはこの供犠をシナゴーグ礼拝の柱とした。いけにえとして捧げるのは、家畜と農作物ではなく、人間の心である。定型の祈り（テフィラー、十八祈禱文）は「心の供犠」とみなされ、トーラーの実践は人間の心と体を神に捧げることを意味した。すなわち、献身である。トーラーを学び、その教えを実行することは極めて重要なユダヤ人の信仰実践となったのである。

シナゴーグの礼拝

シナゴーグの構造も神殿を模したものに変わっていった。シナゴーグはエルサレムの神殿が存在した時代からすでに造られて、安息日のトーラー朗読のために用いられていたことが知られる。しかし、紀元一世紀のシナゴーグは、後の時代のような神殿を模した構造は認められず、集会を目的とした簡素な部屋であった。二〇一六年夏、日本の発掘隊がガリラヤ地方のテル・レヘシュで発見したシナゴーグ跡は、そうした神殿時代の簡素な建物を証明する貴重な遺跡である。

これに引き換え、後世のシナゴーグは、かつてのエルサレム神殿を彷彿させる構造に変わった。エルサレムの方角に向かった壁には、神殿の至聖所を模した門が描かれ、壁龕《へきがん》（壁のくぼみ）を「聖櫃《せいひつ》（アロン・コデシュ）」と呼ぶ。ここには、かつて安置されていた十戒《じっかい》の石板ではなく、トーラーの巻物が置かれる。十戒だけではなく、トーラー全体の六一三戒（後述）こそが神の定めたミツヴァ（戒律）なのである。トーラーを奉ずるラビ・ユダヤ教が、神殿の祭儀とユダイズムの重要な部分を継承していることの証しである。そのなかで最も重要な礼拝要素から見ていこう。

1世紀ガリラヤのテル・レヘシュ出土のシナゴーグ跡．2016年，日本の発掘隊によって発見された．

シュマアの朗読

神殿供犠に組み込まれたシュマアの朗読とはどのような内容なのか。この朗読が基礎になって、神殿なき時代のシナゴーグ礼拝が確立される。トーラーのなかから選ばれたのは、唯一神に対する人間の側からの応答としてふさわしい聖句であった。これはまさに信仰告白といってよい。それを独立した礼拝行為として確立させたのがシュマアの朗読である。その内容は、最初に祝福の言葉、十戒、トーラーからの三つの聖句(「聞け(シュマア)」「そして、もし彼が聞き従うならば」「そして、彼は言った」)、締めくくりの三つの祝禱からなる。

トーラーからの三つの聖句は「聞け(シュマア)、イスラエルよ。主(アドナイ)はわれらの神、主は一なり」(『申命記』6章4節)で始まる。それゆえ、この朗読全体をシュマアの朗読と呼ぶようになった。聖書の大事な教えの学習という意義も含まれていて、自分で声を出して、その声が聞こえることが必要である。シュマアの第一聖句は、人間の側の応答の意思表示であることから、これを唱えるときは額に右手を当て、目を覆って、精神集中することが求められる。イスラエルの神は主人であり、人間はそのしもべとして神の意志に従うことが表明される。

なお、ここで「主」と訳した言葉は、テキストには聖なる四文字YHWHが書かれていて、それを「アドナイ(我が主)」と置き換えて読むのが約束事である。神の名をみだりに唱えてはならないという教えによる。

それに続いて、有名な言葉が続く。「あなたは、心を尽くし、魂を尽くし、力を尽くして、主なるあなたの神を愛しなさい」(『申命記』6章5節)。神への愛の教えは厳しい。「力を尽くし

ポーランド，クラクフのスタラ・シナゴーグ．正面の聖櫃は神殿至聖所を想起させる．聖櫃のなかにトーラーの巻物が置かれている．

て」とは「全力で」の意だが、それは財力であり、全財産にかけて神を愛せという意味になる。「魂」とは命を意味するので、「魂を尽くし」とは命がけで神を愛せということである。「心を尽くして」とは疑いをもたずに、あるいは悪が心を占めたときでも神を愛せという意味である。

この言葉どおりを実践するということは、すべての財産を放棄し、神の意志のままにすべてを神に捧げる生活を求められているようにも考えられる。しかし、その生活は、ナザレのイエスや中世の托鉢修道士たちのような生活ではない。ラビたちの解釈は違う。全財産を放棄してしまっては、他の気まぐれな人間たちに自分の命を預けることになる。それでは神の教えを実行できない。だから、財産の二割以上を放棄してはならない。これがラビたちの現実的な教えである。命を捧げるべき神の教えとは、各自の恣意的な判断ではなく、ラビたちが定めた律法解釈に従うことを意味する。

シュマアの聖句は、神の教えを息子たちに伝え、また、自分の額と腕に覚えとして徴《しる》せと命じる。これが根拠となって、テフィリンという小箱（聖句が書かれた羊皮紙を納めた入れ物で「律法の小箱」、あるいは「経札」と訳される）を額と左上腕に装着することが定められた。その決まりは、すでにイエス時代にさかのぼる。そして、シュマアの第二聖句は、信賞必罰《しんしょうひつばつ》が説かれた箇所が読まれる。第三聖句は、トーラーを忘れないための工夫として、衣の裾に房飾り（ツィッィート）を付けなさいと教える。

これを朝と夜に唱えることが、シュマアの第一聖句を根拠にして定められている。「起きるときも臥すときも、家に座すときも道を歩くときも」。これを根拠に、シュマアの朗読は朝と夜の一日二回、どこにいても義務づけられている。

十八祈禱文、十戒、六一三戒

シュマアの朗読と並んで、定型の祈りがシナゴーグ礼拝の重要な要素となった。これは、通常、祝福の数に従って「十八祈禱文」と呼ばれる。礼拝時には立って唱えるため、立禱《りっとう》（アミダー）とも呼ばれる。この祈りの由来は不明だが、神殿儀礼のシュマアの朗読のなかの神への賛美から発展したとも、あるいは神殿儀礼とは異なる市井の賢人の作に由来するともいわれる。

神を賛美し感謝する祝禱が始めと終わりに三節ずつ配され、その間に神への一二の願望が並ぶ。中心は神に対する具体的な願望であり、健康や日々の糧のような日常的願望、知性、改悛、罪の赦し、復活のような精神的願望、エルサレムと神殿の再建、供犠の復活、ダビデ王権回復、離散民の参集のような社会的願望から成り立つ。ただし、その成立後にキリスト教の異端が広がったことから、異端者の滅びを願う祝禱が加わって、実際には全一九節となっている。

シュマアの朗読には、当初、十戒が含まれていた。しかし、これも後にキリスト教徒が神の戒律は十戒だけであると限定したことから、十戒の朗読が廃止されたと考えられている。神がシナイ山でイスラエルの民に命じた教えは、十戒のみならず、トーラーの全体であるという理由による。

では、トーラーには全部でいくつ神の命令があるのか。神はモーセを通じてユダヤの民に数多くのことを命じた。その命令（ミツヴァ）をここでは「戒律」と呼ぶことにするが、戒律には「〜せよ」という当為命令と、「〜するな」という禁止命令とがある。それぞれいくつあるだろうか。ラビたちはタルムードのなかにその議論の跡を残している。当為命令は体を動かすことから人体の骨肉の数に対応し、当時の知識から二四八の部位に相当する。禁止命令は一年間一日も休まず禁止されることから太陽年の日数、すなわち三六五戒が導かれる。これらを全部足し合わせて六一三戒となる。

別の解釈では、神は最初、民に直接語りかけたが、民が二つ聞いたところで堪えられなくなったので、残りをモーセにのみ語った。それを「モーセのトーラー」と呼んだ。トーラーはゲマトリア(ユダヤの文数解読術)で文字を数字に置換すると六一一となるが、これに民が最初に聞いた二つの戒を合わせて六一三戒になるという。

では、最初の二つの戒とは何か。それが十戒の第一戒と第二戒に対応する。では、その二つは何を指すのか。ユダヤ人がトーラーを守る前提として、まず神の支配を受け入れていなければならない。ちょうど世俗社会でも、王が支配する土地で勅令を発するには、まず民が王の支配を受け入れていなければならないのと同じである。民が王の権威に服すると誓うことによって、王は勅令を発することができる。神と民との間でこれに相当するものが、十戒の第一戒と第二戒である。ユダヤ教は「私は主である」という神の名乗りを第一戒と定めた。この句は中世以降、神の実在を意味するものと理解されるようになる。そして、あな

十戒

第一戒	私は主である
第二戒	他神があってはならない
第三戒	名を挙げてはならない
第四戒	安息日を聖別せよ
第五戒	父母を敬え
第六戒	人を殺すなかれ
第七戒	盗むなかれ
第八戒	姦淫するなかれ
第九戒	偽証するなかれ
第十戒	隣家を貪るなかれ

た方には他の神々があってはならないという他神崇拝禁止が第二戒となるのである。

第3節　神の時間秩序

安息日

ユダヤ人は、日常生活のなかで神と特別の契約関係にあることを学び記憶していく。その代表的な機会が安息日である。ユダヤ教では、神が創造において厳格に被造物を聖と俗に峻別したことを基本認識とする。一週間は六日間の俗なる日と一日の聖なる安息日とに分けられる。安息日は聖別されねばならないのである。

では、具体的にどう分けるか。十戒は「安息日を覚えよ」と「安息日を守れ」という二通りに聖別を定める。ラビたちは、異なる動詞は異なる行為を定めていると理解して、「覚えよ」とは普段やらないことを積極的に行えということを意味し、「守れ」とは普段やっていることを禁じられていると解した。聖と俗の境界を越えるときは、厳格な儀式が必要である。聖なる時間はひとりでにはやってこない。その自覚のない者に安息日は存在しない。そのため、第六日(金曜日)の午後は仕事を止め、食事の準備に当て、部屋を掃除し、身をきれいにして、安息日の準備をすべて終えて、静かに迎えるべきものとされる。第六日の日没が過ぎて、家庭では安息日を聖別し、安息日を与えてくれた神に祝福を唱える。これが「キドゥーシュの儀礼」である。

安息日ではすべての仕事が禁じられるが、ラビたちは別の聖句から、禁じられた三九種類の「父なる仕事」(仕事の第一次カテゴリー)を考え出した。該当する仕事は『出エジプト記』三五章に則って、荒野《あらの》の天幕作りに関わるものであること、別個に罰することのできる仕事の種類は『申命記』二五章に則って、むち打ちの数に等しいとされた。その原則に従って導かれた「父なる仕事」とは、パン作りの一一工程、衣服作りの一三工程、羊皮紙作りの九工程、そして建築の六工程である。禁じられた仕事は、衣食住プラス書物に関することだとわかる。ラビたちは、これらを目的とする仕事を俗なる日の日常労働とみなしたということである。これを神のために禁じたのが、すなわち安息日である。

では、安息日には何をするのか。そこに積極的な教えの意味が加わる。一切の日常労働から解放され、しかも十分なおいしい食事が準備される。家族のだんらん、文字を書かないで行う神のための学問、すなわちシナゴーグでのトーラー朗読、説教、そして聖典の学習と議論、典礼歌など、すべて生きる喜びを増すための工夫である。ここから、理念として、安息日は来る世の先駆けともみなされる。

安息日が終わるのは、土曜日の夜空に星が三つ確認されたときで、「ハヴダラー（分離）の儀式」が行われ、禁止令が解除されて、日々の仕事が許される時間が到来する。そこでまた元の俗なる日に戻るのではなく、安息日の香りがその後の俗なる日を豊かにするのである。

一年のサイクル

人間の生活は暦に則って進むが、暦は宗教文化と密接な関わりをもつ。ユダヤ暦は太陰太陽暦であり、年間の祭礼と一生の通過儀礼とを組み合わせてユダヤ的特徴が生まれる。一年の農耕生活のサイクルに、出エジプトの歴史的体験が組み込まれているので、ユダヤ暦のなかで成長するうちに、ユダヤ人としての来歴の記憶を心に刻み、独自の精神が身に付いていく。安息日にトーラーを読み進めて一年で読み終えるのは、その最たる例である。

春を新年とする聖書の暦に対して、ラビたちはその第七月（ティシュレ）をユダヤ教の新年と定めた。その月の一〇日には贖罪日《しょくざいび》が控え、新年から一〇日間は悔い改めの期間として「畏れの日々（ヤミーム・ノライーム）」と呼ばれる。斎藤茂吉が長崎のユダヤ人の礼拝を見て詠んだ歌がその雰囲気を伝えている。

猶太《ユダヤ》紀元五千六百八〇年その新年のけふに会へりき
満州よりここに来れる若者は叫びて泣くも卓にすがりて

贖罪日が明けて前年の罪が贖われると仮庵祭《かりいおさい》の準備が開始され、歓喜のムードに一変する。収穫に関わる四種類の植物を手で束ねてシナゴーグの内部を巡回するほか、仮庵に寝て「荒野の四〇年」の天幕生活を再体験する。仮庵祭の終了とともに、トーラー歓喜の祭が祝われる。そして、次の安息日にトーラー朗読のサイクルが一巡して、『創世記』冒頭から朗読が再開される。

クリスマスの頃にハヌカー祭で八日間の光の奇跡が祝われ、晩冬のプリム祭で『エステル記』を朗読し仮装で祝う。そして、春分を過ぎると第一月（ニサン）の一四日から出エジプトを祝す過ぎ越し祭が始まり、七日間、種無しパンを食べることが義務づけられる。急な出立でパンを発酵させる時間がなかったとの故事により、主なる神がイスラエルの民を奴隷の家から解放し、選びの民としたという意義を教える。その初日の晩餐では「過ぎ越し祭のハガダー」という物語を読んで、出エジプトを体験することが義務づけられ、祭りの意義を表す三つの言葉、

ユダヤの祝祭日

ユダヤ暦月	西暦月	祝祭日
ニサン(第1月)	3-4月	過ぎ越し祭(14-20日)
イヤール(第2月)	4-5月	ラグ・バオメル(オメルの三三日目)(18日)
シバン(第3月)	5-6月	七週祭(6日-)
タンムズ(第4月)	6-7月	
アヴ(第5月)	7-8月	神殿崩壊日(9日)
エルール(第6月)	8-9月	
ティシュレ(第7月)	9-10月	ユダヤ新年(1-2日) 贖罪日(10日) 仮庵祭(15-21日) 律法の祝典(22日)
マルヘシュバン(第8月)	10-11月	
キスレヴ(第9月)	11-12月	ハヌカー祭(25日-)
テベット(第10月)	12-1月	
シュバット(第11月)	1-2月	樹木の新年(15日)
アダル(第12月)	2-3月	プリム祭(14日)

＊ニサン27日：イスラエル政府の定めたショアーの日.

「ペサハ(過ぎ越しのいけにえ)」「マッツァ(種無しパン)」「マロール(苦菜《にがな》)」を必ず語らねばならない。過ぎ越しの最初の聖日の翌日から数えて五〇日目が七週祭で、シナイ山でのトーラーの顕現が祝される。これは、ギリシア語で五〇日目を意味する「ペンテコステース」とも呼ばれる。

このように、一年の暦の経過に従ってトーラーの出来事、とりわけ出エジプトから荒野の四〇年の事件が再体験され、自分たちは契約の民、選びの

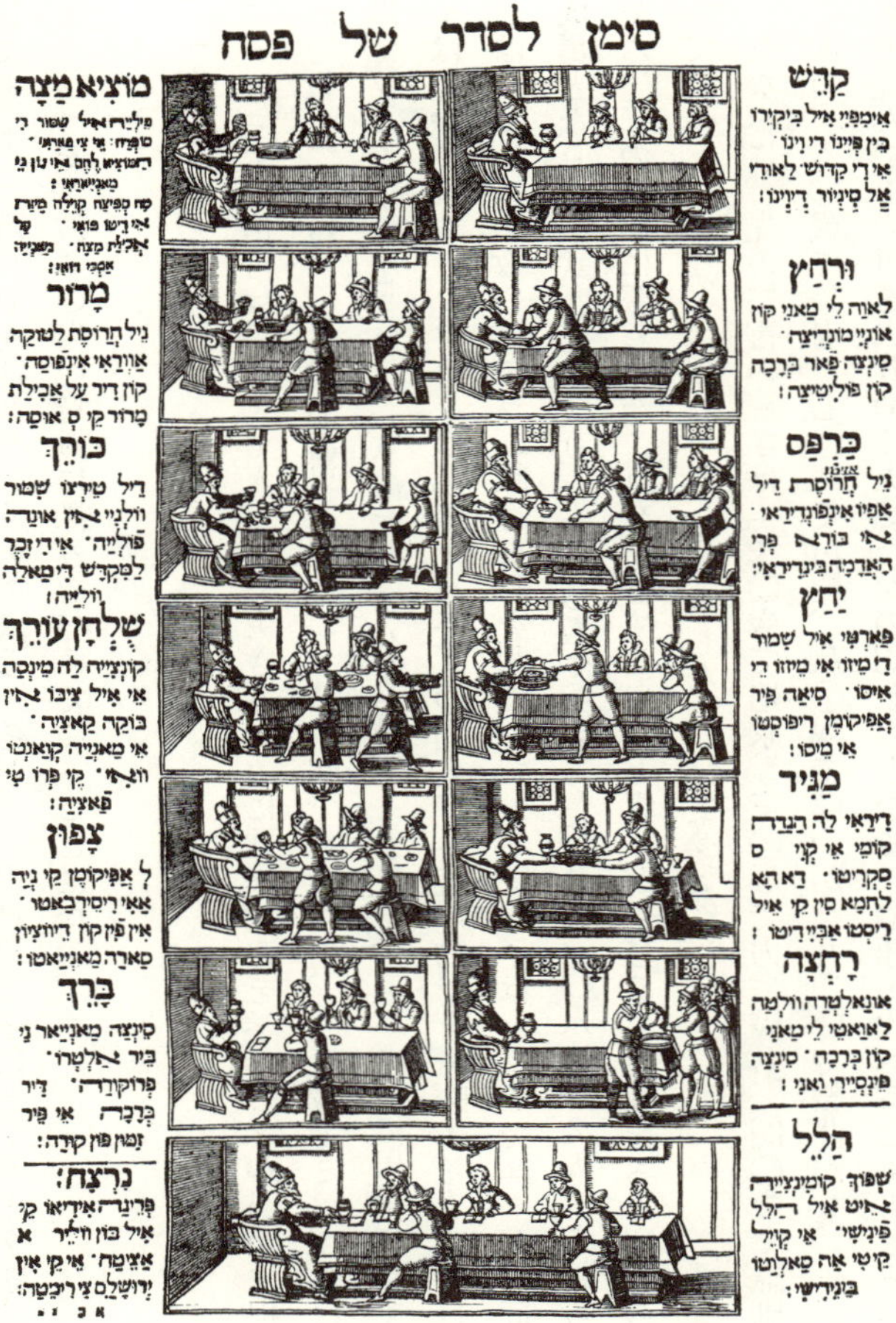

過ぎ越し祭の手順を図示したもの．イタリア語で説明されているが，文字はヘブライ文字で書かれている．1609 年，ヴェネチアで印刷された「過ぎ越し祭のハガダー」の冒頭に掲載されている図版から．

民であるという自覚を深めていくのである。そして、安息日ごとにトーラーを朗読することが、よりいっそう彼らの自己意識に深みを与えていくことになる。

一生のサイクル

ミシュナの格言は、ユダヤ人として生きるために神の教えを学ぶことがいかに根本的に重要かを教えている。「五歳で聖書(ミクラー)、一〇歳でミシュナ、一三歳でミツヴァに従い、一五歳でタルムードを学び、一八歳でフッパー(結婚)」。この格言はとくに男子に当てはまり、女子は免除される。ミクラーは「タナッハ」の別名で「読み物」を意味する。安息日の読み聞かせは、キリスト教やイスラム教もこれを踏襲している。男子は一三歳でユダヤ共同体の正式な成員となり、公式礼拝を成り立たせる数(ミニヤン)である一〇人に数え入れられる。この段階で六一三の戒律に服して、これを実行する自覚と責任が生じる。学問をおさめたら、正業に就いて妻帯し、「産めよ増やせよ」を実践しなければならない。

ちなみに、先の格言の続きは「二〇歳で追求、三〇歳で力に満ち、四〇歳で識別力、五〇歳で助言、六〇歳で長老、七〇歳で白髪、八〇歳で健やか、九〇歳で腰曲がり、一〇〇歳であたかも死んでこの世を去り消え失せたかの如し」となる。論語と比べるとおもしろい。

ユダヤ共同体では、死後七日間の服喪と、それに続く死後三〇日までの緩やかな服喪が課せられる。死者を弔うことは、復活を約束された遺体を扱うがゆえに極めて貴く重要な仕事であり、貧富の差に関わりなくすべての人の葬儀を行うことが重視される。死者の弔いは正義と慈愛の行為とされ、葬儀のための団体としてヘブラー・カディシャーが早くから組織化されていった。

こうして、ユダヤ共同体のなかに生を享け、その精神を体現し、次代にそれを伝えると、人びとは共同体のなかで死んでいく。その繰り返しのなかでユダヤ教は、時間と空間を超えた全イスラエルの絆を保ち続けてきたのである。

祈りの生活

ユダヤ教では、生きていくなかでさまざまな機会に祈りが定められている。祈る相手は超越者であるがゆえに、人間の存在の相対性、弱さ、それにもかかわらず生きていることに対する感謝の念が捧げられる。とくにミシュナ第一巻のベラホート篇は、こうした人間の存在の原点を見据えている。

ミシュナでは、五感が喜びを感じた場合には、人間は創造主に感謝すべきことを命じている。

物を食べるときのみならず、良い香りをかいだとき、美しいものを見たとき、涼しい風に触れたときなどが含まれる。天変地異による災害が起こったときにも、神を祝福するよう命じている。また、祈りは一日の始まりから義務づけられる。祈禱書は、目覚めたとき即座に「あなたが私にわが魂を戻してくださったことを感謝します」と唱えよと定める。朝に目覚めたときから、ひとつ一つの自分の動作を確認するように、心の中でつねに神と向き合っていると思って振る舞うことが求められる。『シッヴィーティ』という詩篇一六編八節の言葉、「私はつねに主を面前に思い描いている」が殊に重視される。

目覚めたら「わが神よ、魂よ」と唱え、雄鶏の鳴き声を聞いたら「雄鶏に理解力を与えた御方」を祝福し、服を着るときには「裸の者に衣服を着せる御方」を祝福する。さらに、両目に両手を置いて「盲人の目を開かせてくれた御方」を祝福し、起き上がるときには「縛られた者を解いてくれた御方」を祝福し、立ち上がるときには「膝を屈した者を直立させた御方」を祝福する。靴を履くときには「私のために、私の必需品をすべて作ってくれた御方」を、そして歩くときには「わが歩みに力を備えてくれた御方」を祝福する。こうした一連の動作は、ふだん意識に留めることなどないような何気ない日常の動作である。その当たり前に備わったと思われる人間としての諸条件を、ハラハー(ユダヤ啓示法)は、神が人間に与えた恩恵として確認することを要求する。ハラハーとは、ヘブライ語で「道」「歩み」を意味する。そこから派生して、人が歩むべき法もしくは規則、すなわちユダヤ啓示法の体系を指すのである。

こうした細かな日常動作の確認の延長線上に、パンを食べるときの「大地からパンを引き出してくれた御方」への祝福、ワインを飲むときの「ブドウの実を作り給いし御方」への祝福がある。食事をする人数が三人もしくは一〇人になると、祈りに公共性が伴うことになり、食後に「食事の祝福(ビルカト・マゾーン)」が行われる。これは食物で我らを養ってくれる主なる神への感謝を表す祝福である。

制度化された断食

ユダヤ教は苦しみのときを忘れないために断食日を定めている。最大の機会は秋の贖罪日で、『レビ記』二三章において悔い改めのために身を苛むことが命じられている。身を苛むとは断食を意味すると解釈され、ユダヤ教では一年でもっとも厳粛な断食日として位置づけられた。

断食日はユダヤ暦新年の一〇日目に当たるが、ユダヤ教ではさらにユダヤ暦の新年からこの日までの一〇日間を「畏れの日々(ヤミーム・ノライーム)」と呼んで、悔い改めを行うのにもっとも適した期間とみなす。さらに、神殿崩壊の故事などにちなんで設定された断食日もユダヤ暦に追加されている。タンムズ一六日、アヴ九日、ゲダリヤの断食、プリムの断食などである。

ミシュナ第二巻のなかで断食の規定を集めたタアニート篇には、秋になっても雨が降らないとき、旱魃の危機に対処するための公共の断食に関する規定が設けられている。集団の生存が脅かされる旱魃に対して人びとは雨乞いを行ったが、そのなかに断食が組み込まれている。旱魃の原因は神に対する人間の背信にあるとされ、罪を悔い改めることが要請された。自然の災いは、創造主に対する人間の罪に原因があると考えられたため、雨乞いには悔い改めが不可欠の条件であった。共同体が一丸となって断食を行い、みなが心を合わせて悔い改めることによって心構えが確立し、倫理的にも強靭な精神力を組織全体に及ぼし、飢餓を耐え忍ぶ力を養ったと考えられる。

ユダヤ共同体は、中世イスラム世界のなかで都市生活共同体へと変貌を遂げた。かつての農耕生活共同体から離れ、旱魃による生存の危機は減った。しかし、離散民の共同体として各地に寄留する生存状況は、別種の苦難に見舞われる機会を増やし、贖罪日はまた自省する機会としての役割をさらに高めたと考えられる。ユダヤ教が悔い改めをとくに重視する宗教となったことも、これと関係しているといえよう。

第4節　「宗教」としてのユダヤ教

東欧における神秘主義の浸透

ユダヤ教の神秘思想は中世から次第に広がって、近代東欧の人びとの心に深く浸透するに至る。いわゆるカバラー思想は、一二世紀プロヴァンスで人格的一神教を無限の神エイン・ソフの顕現であるとしたうえで、セフィロート理論によって新プラトン主義の流出説を取り込んだ。その主題は、悪の存在の意味づけと神の似姿としての人間の活動の意味づけであった。

さらに、一六世紀サファドのイツハク・ルーリアにおいて、創造論の最初にツィムツーム、すなわち神の自己収縮という観念が置かれた。神のこの行為により創造のための空間が造られたのち、創造の器の破壊(シュビーラー)が起こり、さらにはその修復(ティクーン)によって初めて創造が完成するという理論である。すでに原初の創造の時点で、コスモスとしての完成とは程遠い状況が想定され、人類史はあたかも創造の完成に向かって、コスモスとアンチコスモスとが闘争を繰り広げる舞台であるかのような様相を呈しているのである。こうして中世には、ユダヤ人の律法実践の意義が宇宙論的に高められていった。

ユダヤ神秘主義（カバラー）の歴史は、イスラエルの思想家ゲルショム・ショーレムにならってハシディズムを最終局面に置くのが通例である。しかし、一八世紀以降の東欧ユダヤ教世界は、正統主義にもハシディズムに劣らないほど、カバラーの影響が浸透していると見ることもできる。東欧のユダヤ教全体をこのカバラー的視点から考察するときに重要となるのが、神への密着としての「ドゥヴェクート」の概念の浸透である。

膠《にかわ》のようにくっつくことをヘブライ語の動詞では「ダーバク」という。この語から造られた抽象名詞に「ドゥヴェクート」という語があり、「密着、付着、執着」を意味する。神への密着という概念は、すでにトーラーに「神へと自らを結び付けよ」（『申命記』10章20節）と規定されている。これは、カバラーの伝統では、神との神秘的合一を意味する概念とされる。神に対して心と思いを集中させること、雑念が生ずる隙を与えないほどに人の魂が神へ密着した状態になること。これがドゥヴェクートである。

密着の概念は、正統主義でもハシディズムでも重視された。両者の違いは密着の状態に至る方法にある。心の状態が大事なのか、ハラハー（ユダヤ啓示法）の実践が大事なのかという神学的価値づけの違いである。正統主義は、「トーラーそれ自体のため（トーラー・リシュマー）」のトーラー研究という理念を練りあげて、ハラハーの実践をあくまで究極の目的として重視した。

これに対して、ハシディズムは密着の精神状態をもたらす恍惚的な祈り、歌や踊りで喜怒哀楽をとことん放出して忘我状態（ヒトラハブート）を創出すること、師（ツァデーク、レッベ）に対する徹底的な帰依など、さまざまな方法による救済体験を重視した。その後、ハシディズムは正統主義からの批判を受容して、最終的にはハラハーの実践に価値を置くことになるが、両者が相まって東欧におけるユダヤ人の精神世界の拠り所を形成した。ユダヤ人ひとり一人の祈りとハラハーの実践が霊界・天界に影響を与えて、世界の救済と破滅に直接関与するという神秘思想は、東欧を中心に確実に浸透していったのである。

近代のユダヤ教再定義

近代以前においては、ユダヤ人はひとつの宗教民族共同体として、宗教法的自治社会をしっかりと守り続けた。ハラハーというユダヤ啓示法の権威が、世界観から日常生活までを統制していた。その統制下にいるかぎり、ユダヤ人は極めて安定した制度内に置かれる。しかし、西欧社会が抽象的な「人間」と世俗的な主権国家とをモデルとした社会構想を現実化させたことで、そこに生きるユダヤ人もまた、新たな社会的現実に則って自らを定義し直さざるをえなくなった。

フランスの場合を例に取ろう。第1章でも述べたように、フランス革命により国内に定住するユダヤ人にも市民権が与えられることになった。その結果、彼らはユダヤ人であるよりも前に、一人の人間として基本的人権をもち、自由で平等な法的人格を体現することとなった。つまり、フランス国民としての権利と義務をもち、フランス憲法に従って生き、フランス国家に忠誠を誓うことを要請されたのである。そのうえで信教の自由を行使し、キリスト教ではなく「ユダヤ教」を信じる意思を表明し活動することとなった。したがって、ここでいう「ユダヤ教」とは、近代憲法のもとでの宗教の定義に該当していなければならない。ユダヤ人はこのとき初めて、西欧のキリスト教をモデルとした宗教概念に合わせたかたちでの「ユダヤ教」の再定義を要請される。なおかつ、ユダヤ啓示法(ハラハー)を放棄したうえで、西欧の近代社会に適応したかたちでのユダヤ教の教義と教団を形成することが求められたのである。本章の冒頭で述べた定義をめぐる困難は、このときから実質的に始まる。

近代におけるユダヤ人による「宗教」としてのユダヤ教の形成とは、教義と儀礼による組織の形成である。ユダヤ人が近代化を受け入れ、その社会の市民となったとき、ユダヤ教の教義をどう決定するか、戒律はどこまで妥当するか、唯一神の信仰の絶対性はどうすべきか。彼らが直面した問題は、あらゆる項目に及んだ。

そこから必然的に導かれたのが、複数の宗派の出現である。改革派、新正統派、保守派の主要三宗派は、いずれも近代の世俗主義を認め、その生活様式に適応しつつ、どこまでユダヤ教の独自性を認めるのか、その度合いの違いによって生じた。これらの宗派は今日に至るまで、世俗的な自由主義国家においてそれぞれ独自の発展を続けていくことになる。

世俗化したユダヤ人と民族主義

西欧の世俗的な自由主義国家では、建前上は無宗教の社会が前提とされる。すなわち、信教の自由が保障されるばかりでなく、宗教に無関心な人、敵対する人、世俗主義者、どの教派にも属さない人、あるいは他宗教に改宗する人など、多様な生き方が可能な社会である。近代の西欧では、国家へのキリスト教の影響を排除する一方で、国家の単位を言語別、民族別に分けていった。それは、一九世紀後半から二〇世紀前半にかけての民族主義、国家主義の隆盛によるものである。

こうした時代の流れが、中欧・東欧に生きて迫害と貧困に苦しむユダヤ人たちの心をとらえた。宗教としてのユダヤ教に関心はないが、民族としてのユダヤ人の歴史や慣習に心惹かれる人たちである。こうして、ロシア皇帝暗殺に端を発するポグロム以来、ユダヤ人も民族として国家をもつべきであるという政治的・思想的主張が強まっていった。そして、帝政ロシアのもと、パレスチナに移住して農業に従事しようと主張する人たちによる「シオンを愛する者たち（ホヴェヴェイ・ツィオン）」の運動が開始された。

このパレスチナ入植運動に呼応したのが、一八九六年、テオドール・ヘルツルの唱えたシオニズムであった。パリでドレフュス事件を目の当たりにした世俗主義ユダヤ人による、ユダヤ人国家建設のマニフェストである。ユダヤ人解放の機運のなかで、これまで一顧だにされなかったユダヤ民族主義の主張が、西欧のユダヤ社会の真っ只中でも胎動しはじめた。一九世紀に世界で熱を帯びた民族主義は、ユダヤ人たちのなかにも支持者を見出したのである。

しかし、ユダヤ共同体を宗教集団とみなす同化主義の人びとにとって、シオニズムは決して承服できる主張ではない。西欧の社会で生きる道を自ら閉ざす恐れを感じたからである。実際、シオニズムは西欧各国の愛国主義者にユダヤ人追放を正当化する口実として使われた。その結果、パレスチナにユダヤ人国家を建設するという政治的シオニズムは、西欧からは排除され、東欧出身のユダヤ人を運動の主たる推進者として展開することになった。

二つの定義・三つの集団

以上のように、近代になって、西欧のユダヤ人は伝統的なハラハーの自治共同体をいったん解消し、新たに近代的価値観と制度に合わせて自らを作り替えることになった。その際に、新たな人間観と社会観による二つの有力な定義（観点）が生まれた。「宗教としてのユダヤ」と「民族としてのユダヤ」という二つの定義である。

これらの定義から現代のユダヤ社会を見ると、ユダヤ人は三つの集団に分けることができる。「宗教としてのユダヤ」の定義は、世界各国に散らばるユダヤ社会の人びとによって維持されてきた定義である。彼らは基本的に、現在居住する国の市民権を保持し、その国家に忠誠を誓うとともに「宗教」としてのユダヤ教を信奉し、教団を組織している。

一方、そうしたユダヤ共同体と関わりを断つ人や世俗主義者のなかには、自分たちをユダヤ人と意識していない人もいる。といって、イスラエル国家に強く共感する人もいれば、まったく無関心な人もいる。そうした世俗化の進行した社会で、ユダヤ教をいかに維持していくかは、ユダヤ人の将来のあり方を大きく左右するものであり、しばしば子弟の教育に関する問題として強く表に立つことがある。

これに対して「民族としてのユダヤ」という定義は、イスラエルというユダヤ人による世俗国家の建国を目指す人びとが支え続けた定義である。現在、多くのイスラエル国民は、基本的にこの定義から自分自身や国家をみている。イスラエルの身分証明書の「民族」という項目に記される名称が「ユダヤ人」であるという事実はその証拠であろう。

そのほかに、第三の定義もある。「超正統派」と呼ばれるグループが、その定義を体現している。この人たちは、近代の諸価値に否定的であり、近代以前のハラハー支配の共同体を宗教的理念として活動する人びとで、ハラハーの啓示法体系をできる限り厳格に実施する人びとである。律法を遵守するとなると、共同体を構えて一か所に一緒に住むことが必然的に要請される。エルサレムのメアシェアリーム地区、ニューヨークのブルックリン地区、テルアヴィヴ近郊のブネーブラク地区などがその典型である。この集団は、世俗国家であるイスラエルを非ユダヤ人の国家と同様とみなしている。地球上のどの地域に住もうと、厳格なユダヤ教の戒律を遵守することがユダヤ人の証しであり、理想である。

これら三つの集団はいずれも、近代以前のユダヤ人のハラハー自治共同体の諸要素を何らかの点で継承していることは確かである。どの要素をどの程度に維持し、近代の諸概念をどのように取り入れているかによって多様な社会形成、組織形成を行っている。それはとりもなおさず、二一世紀の人類が生きるうえでの多様性を象徴しているのではないだろうか。

第3章　学問から見る

第1節　タルムードの学問

トーラーの学習

ユダヤ教が最も重視してきた学問は、トーラーの学習、ヘブライ語で「タルムード・トーラー」である。これを短く「タルムード」と呼んで差し支えない。タルムードは元来、学びを意味する言葉だが、唯一神の意志を探究するための学問として特殊用語化した。これは神の意志を実践するユダヤ教にとって不可欠の構成要素である。口伝で学習され伝承されたのち、タルムード、ミドラシュ、ヤルクートなどの名で、さまざまな書物が編纂された。これらを「ラビ文学」と総称する。

そのなかで最も重視され学び続けられた書物が、バビロニア・タルムードである。西暦五〇〇年頃にバビロニアで編纂されたバビロニア・タルムードは、その後、世界各地のユダヤ共同体を統合する最重要の規範的テキストとなった。「ユダヤ思想の根本とは何か」という問いに対して、ヘブライ語聖書とともに、あるいはそれ以上に、その答えを示すものとしてタルムードが挙げられるゆえんである。タルムードは、ヘブライ語聖書と向き合ったラビたちの思索の成果に他ならない。

バビロニア・タルムードは、口伝トーラーであるミシュナの註釈書といえる。ヘブライ語聖書と口伝トーラーの教えとの関係を論じ、ユダヤ啓示法(ハラハー)とそれ以外の非法規的事柄全般(アガダー)を包括的に論じたテキストである。いわば、ラビ文学のすべてのジャンルを包括する経典であり、近現代に至ってもユダヤ教独自の世界観を凝縮したものと認められている。本章では、このバビロニア・タルムードを中心に、ユダヤ教の学問の特徴をまとめていこう。

イェシヴァ

ラビ・ユダヤ教は、その根本経典ともいえるバビロニア・タルムードにおいて、開かれた討論と論理の首尾一貫性によって神の意志を探究するという基本的な原則を確立し、それを実践してきた歴史がある。ユダヤの学問の伝統は、時代とともに衰退と隆盛が繰り返され、時代によって権威ある学問の中心地は推移したが、その伝統が衰滅することはなかった。

タルムードの学問を支えたのは、「イェシヴァ」(座ることの意)という学塾である。古代ユダヤの地に優れた賢者が登場するとともに、その周りには弟子が集まりはじめた。西暦二〇〇年頃、ミシュナの欽定編纂によってユダヤの学問的基礎が確立するのと時を同じくして、イェシヴァは一過性の学塾から恒常的な学塾へと発展し、バビロニアとパレスチナで栄えていった。バビロニアでは、二つのイェシヴァ(スーラとプンペディータ)が並び立つ制度が確立した。この地における独自の議論の伝統がバビロニア・タルムードとして結実し、いくつかの段階を経て編纂され完成する。バビロニア最高峰の二つのイェシヴァはイスラム帝国時代にも存続が認められ、一一世紀までのおよそ八〇〇年間、ユダヤの学問を指導した。

イスラム世界の拡大とともに、ユダヤの学問はアルジェリア、エジプト、イエメンへ広がり、地中海を挟んで対岸のスペイン、ライン地方などへも展開し、一五世紀には東欧のポーランドのクラクフへ、その他、ヴェネチア、アムステルダム、イスタンブル、アレッポ、サファド、ブハラなど、ユダヤ世界のさらなる移動と拡大に伴って進展した。また一八－一九世紀になり、東欧リトアニアにおいて新しいタイプのイェシヴァが勃興すると、タルムード学の新たな学問的要請を満たすものとして欧米のユダヤ知識人に多大な影響を与えた。

このように、各時代の最高権威であるラビたちが、イェシヴァという独自の学問システムを継承し発展させたことが、ユダヤ教をたえず蘇生させる原動力となってきたのである。

タルムードの普及

ヨーロッパで印刷術が発明されると、バビロニア・タルムードの出版も開始された。当初はミシュナの重要な篇を個別に出版するかたちで始まり、全巻が初めて印刷されたのは一六世紀のヴェネチアである。このヴェネチア版は、その後のタルムード印刷本の体裁を決定したといわれている。中央の柱にミシュナとゲマラ（ミシュナに関するラビたちの議論と解釈の記録）を配し、内側のマージンにはラシ（中世のタルムード学者）の註解を、外側にはトサフォート（ラシの後の世代の学者たち）の註解を置き、頁は丁《ちょう》で数え、ヘブライ文字で表記する方法を採用したのである。以後、各地のユダヤ社会でタルムードの印刷出版が普及していく。代表的な版として、ルブリン版（一六世紀後半）、クラクフ版（一七世紀前半）、アムステルダム版（一七世紀中期）、フランクフルト・アン・オーデル版（一七世紀末）、ズルツバッハ版（一八世紀中期）などがある。

より新しく最も有名なものは、ヴィルナ・ロム版である。この版は印刷家ロム兄弟と彼らの妻によって、一八八〇―八六年、ヴィルナ（現在のヴィリニュス）で出版された。ページの体裁と構成はヴェネチア版を踏襲しつつも、その他に、註解、読み替え、参照欄が掲載されている。ここでは、そのヴィルナ・ロム版バビロニア・タルムードの一頁（キドゥシーン篇30a）を紹介しよう。

中央が①ミシュナとゲマラ、内側（右側）のマージンが②ラシの註解、外側（左側）が③トサフ

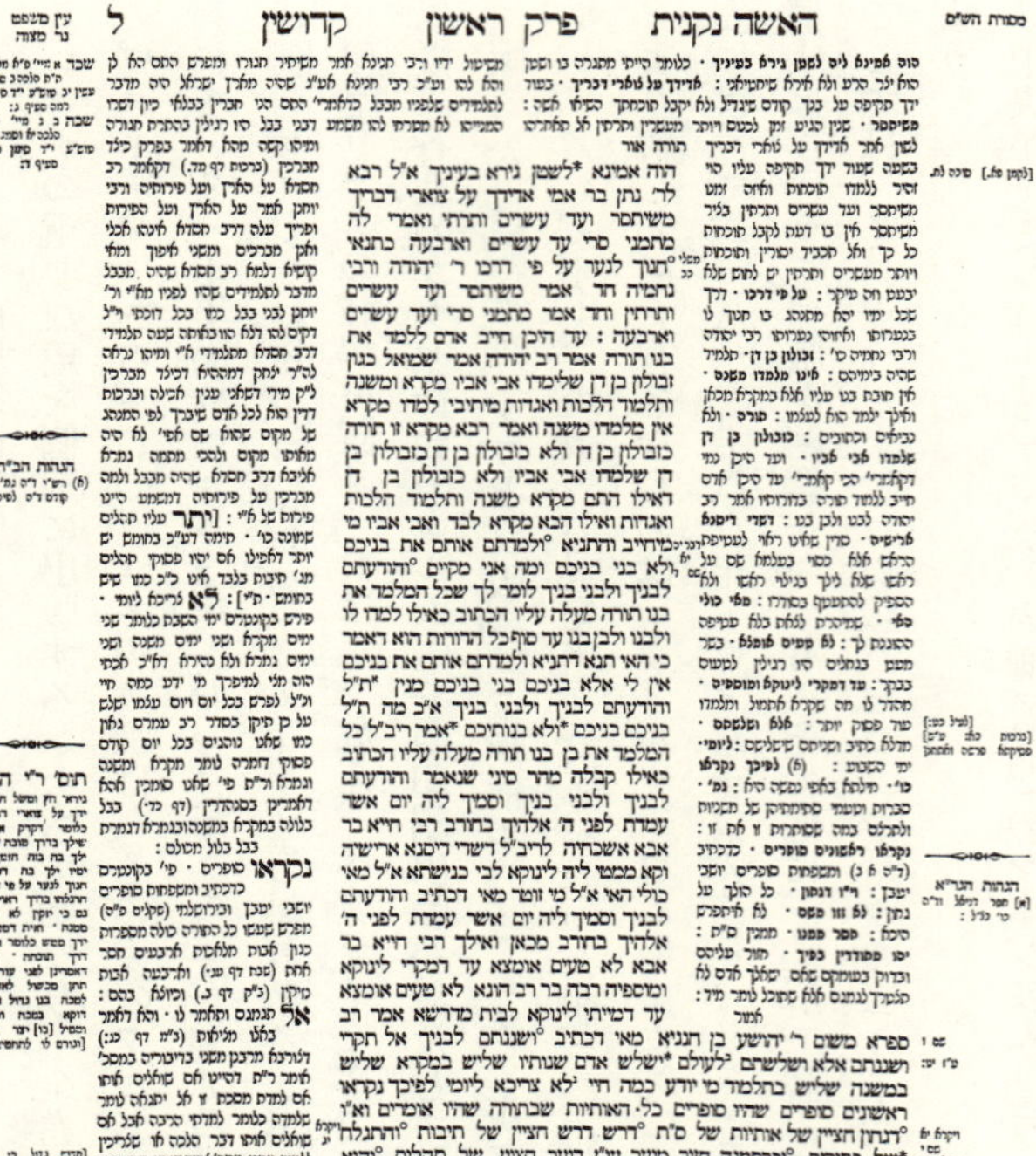
מסורת הש"ס　האשה נקנית　פרק ראשון　קדושין　ל　עין משפט נר מצוה

הוה אמינא *לשנן גירא בעיניך א"ל רבא לר' נתן בר אמי אדידך על צוארי דבריך משיתסר ועד עשרים ותרתי ואמרי לה מתמני סרי עד עשרים וארבעה כתנאי °חנוך לנער על פי דרכו ר' יהודה ורבי נחמיה חד אמר משיתסר ועד עשרים ותרתין וחד אמר מתמני סרי ועד עשרים וארבעה: עד היכן חייב אדם ללמד את בנו תורה אמר רב יהודה אמר שמואל כגון זבולון בן דן שלימדו אבי אביו מקרא ומשנה ותלמוד הלכות ואגדות מיתיבי למדו מקרא אין מלמדו משנה ואמר רבא מקרא זו תורה כזבולון בן דן ולא כזבולון בן דן כזבולון בן דן שלמדו אבי אביו ולא כזבולון בן דן דאילו התם מקרא משנה ותלמוד הלכות ואגדות ואילו הכא מקרא לבד ואבי אביו מי מחייב והתניא °ולמדתם אותם את בניכם ולא בני בניכם ומה אני מקיים °והודעתם לבניך ולבני בניך לומר לך שכל המלמד את בנו תורה מעלה עליו הכתוב כאילו למדו לו ולבנו ולבן בנו עד סוף כל הדורות הוא דאמר כי האי תנא דתניא ולמדתם אותם את בניכם אין לי אלא בניכם בני בניכם מנין *ת"ל והודעתם לבניך ולבני בניך א"כ מה ת"ל בניכם בניכם *ולא בנותיכם *אמר ריב"ל כל המלמד את בן בנו תורה מעלה עליו הכתוב כאילו קבלה מהר סיני שנאמר והודעתם לבניך ולבני בניך וסמיך ליה יום אשר עמדת לפני ה' אלהיך בחורב רבי חייא בר אבא אשכחיה לריב"ל דשדי דיסנא ארישה וקא ממטי ליה לינוקא לבי כנישתא א"ל מאי כולי האי א"ל מי זוטר מאי דכתיב והודעתם לבניך וסמיך ליה יום אשר עמדת לפני ה' אלהיך בחורב מכאן ואילך רבי חייא בר אבא לא טעים אומצא עד דמקרי לינוקא ומוספיה רבה בר רב הונא לא טעים אומצא עד דמייתי לינוקא לבית מדרשא אמר רב ספרא משום ר' יהושע בן חנניא מאי דכתיב °ושננתם לבניך אל תקרי ושננתם אלא ושלשתם *לעולם ישלש אדם שנותיו שליש במקרא שליש במשנה שליש בתלמוד מי יודע כמה חיי לא צריכא ליומי: לפיכך נקראו ראשונים סופרים שהיו סופרים כל האותיות שבתורה שהיו אומרים וא"ו °דגחון חציין של אותיות של ס"ת °דרש דרש חציין של תיבות °והתגלח של פסוקים °יכרסמנה חזיר מיער עי"ן דיער חציין של תהלים °והוא רחום יכפר עון חציו דפסוקים בעי רב יוסף וא"ו דגחון מהאי גיסא או מהאי גיסא א"ל ניתי ס"ת ואימנינהו מי לא אמר רבה בר בר חנה *לא זזו משם עד שהביאו ספר תורה ומנאום א"ל אינהו בקיאי בחסירות ויתרות אנן לא בקיאינן בעי רב יוסף והתגלח מהאי גיסא או מהאי גיסא א"ל אביי פסוקי מיהא ליתו ליִמנו' בפסוקי נמי לא בקיאינן *דכי אתא רב אחא בר אדא אמר במערבא פסקי ליה להאי קרא לתלתא פסוקי °ויאמר ה' אל משה הנה אנכי בא אליך בעב הענן תורגמן *חמשת אלפים ושמונה מאות ושמנים ושמנה פסוקים הוו פסוקי ס"ת יתר עליו תהלים שמונה חסר [א] ממנו דברי הימים שמונה חסר *תנו רבנן ושננתם שיהו דברי תורה מחודדים בפיך שאם ישאל לך אדם דבר אל תגמגם ותאמר לו אלא אמור לו מיד שנאמר אמור

バビロニア・タルムードのテキストの一例．第3巻ナシーム(女性)/キドゥシーン篇 30a．丁番号 30．表側を a，裏側を b で表記する．ヴィルナ・ロム版より．なお，ヘブライ語は右から左へ読む．

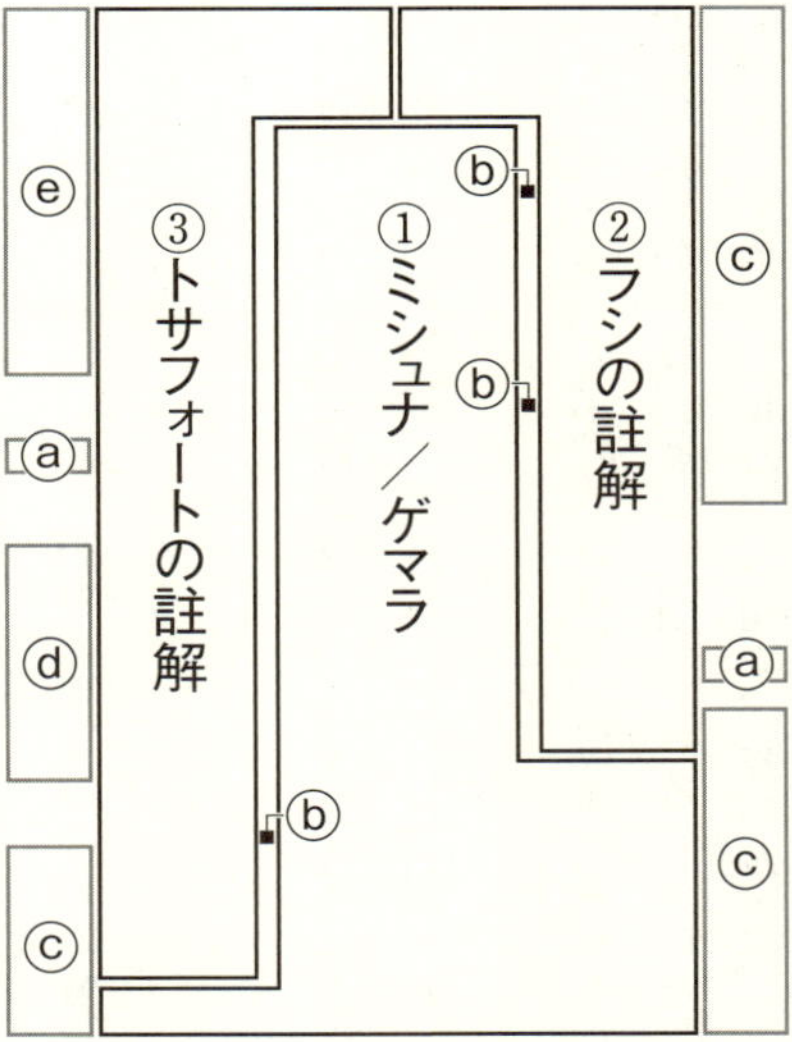

①ミシュナの一節を冒頭に示し，それに続いて，この一節をめぐるバビロニアとパレスチナのラビたちの議論と解釈(ゲマラ)が記される．
②タルムードの註解はアシュケナジ社会で独自に継承された学問領域と考えられ，10世紀のラシによる註解で頂点を迎えた．ラシの学問的気風は極めて自由なもので，弟子は師との激しい弁証法的議論を通じて師の学問に挑戦する気概を育んでいった．
③ラシの学塾で展開されたタルムード学はラシの孫の代で体系化され，「追加」を意味するトサフォートの名で結実する．
ⓐハガーホート，ⓑトーラー・オール，ⓒマソーレト・ハ・シャス，ⓓ②と③以外の註釈，ⓔエーン・ミシュパト/ネール・ミツヴァ．

オートの註解である。ロム版では以下の指示や註釈が追加されている。ⓐハガーホート（読みの指示や書記の訂正に関する欄外註）、ⓑトーラー・オール（ヘブライ語聖書の箇所の指示）、ⓒマソーレト・ハ・シャス（同様の伝承を含むタルムードの他の巻やタルムード期の文献の箇所の指示）、ⓓラシとトサフォート以外の註釈、ⓔエーン・ミシュパト／ネール・ミツヴァ（中世に発展した律法典の引用箇所の指示）。なお、バビロニア・タルムードの巻末には、あまたの学者の手になる註釈や法典が資料として掲載されている。

タルムードのテキスト

タルムードのテキストに親しむために、ここでタルムードに記されたラビたちの議論から一例を取り出して解説しよう。テーマは「子どもの教育」である。この問題を議論しているのは、ミシュナの第三巻キドゥシーン篇一章七節で、その内容をめぐるラビたちの議論はバビロニア・タルムードの丁番号29の表側aから30の裏側bにかけて記録されている。

ミシュナはまずこう教える。

息子に対する父親の戒律(ミツヴァ)は、父親には義務があるが、母親は免れる。父親に対する子の戒律は、男も女もともに義務がある。

子に対する親の宗教的義務は、母親は免除され、親に対する子の宗教的義務は、男女ともに果たす義務がある、という内容である。ラビたちはこの教えを受けて、親の義務の内容を問うていく。丁番号29aの①の欄に、彼らの問答の様子が記録されている。なお、文中の「タヌ

イタ）を導く定型句で、「賢者たちは教えた」という意味である。

「タヌー・ラバナン。父は息子に割礼を施し、息子が長子のときには彼を贖い、トーラーを教え、妻を娶《めと》らせ、仕事を教える義務を負う。ある人たちは、泳ぎ方を教えることも含めた」

「追加の意見。ラビ・ユダが付言した、自分の息子に仕事を教えない者はみな、強盗を教えていると」

「強盗だって？」

「それは、あたかも強盗を教えるようなものだ、という意だ」

こうしたやりとりに続き、個々の義務についての質疑が続く。父親が義務を果たさないときにはどうするのか、母親はなぜ義務を免除されるのか、聖句の根拠は何か、などである。そして、しばらく後で丁番号30aから、子どもの教育についての問答が始まる（①の欄の八行目から）。

「トーラーを、どこまで、どのように教えるか」

「ラビ・ヨシュア・ベン・ハナニアは言った。人はつねに自分の年数を三等分せよ。三分の一を聖書に、三分の一をミシュナに、三分の一をゲマラに」

「(反論)人の寿命がどれくらいか、誰が知りえようか」

「(再反論)その必要はない。日々を三等分せよ、である」


こうした問答の両側に中世の註解が置かれている。②の欄にあるのは、ラシによる註である。一一世紀、北フランスのトロワで活躍したラビ・シュロモ・ベン・イツハキ(通称ラシ)は、「これは一週間の日々である」とだけ寸評している。これに異議を唱えているのが、ラシの孫の世代の註解者たちによる註記「トサフォート」である。③の欄の部分に長めのコメントが記されている。意味がとりづらいと思うが、雰囲気を知ってもらうために要約しよう。次のようなことが記されている。

ラシは「一週間の日々」と説明するが、これはすなわち、二日を聖書に、二日をミシュナに、二日をゲマラに、ということだ。しかし、これでは問題の解決にはならない。なぜなら、もしそうであるなら、いまだ「人の寿命がどれくらいか、誰が知りえようか」という問いが妥当するからである。それゆえこれは「一日一日、それ自体を三等分せよ」と解釈できるように思える。実際、アムラム・ガオン（九世紀のラビ）はそれに従って、彼の祈禱書を改訂したのである。ちょうど、私たちが毎日、朝の礼拝で最初に「歌の章」を読む習慣があって、そこで聖書とミシュナとゲマラを読んでいるとおりである。そして、ラベヌー・タム（一二世紀のラビ）は釈義して曰く、「私たちはサンヘドリン篇24aで説明されていること、すなわち、バビロニアは聖書とミシュナとゲマラにおいてごちゃ混ぜであり、バビロニアのゲマラはそれらすべてが混ざり合っている」という指摘を拠り所にしているのである。

この註記でトサフォートは、バビロニアとパレスチナの学問の方法が異なる点を指摘している。そのうえで、自分たちがバビロニア方式に従ってトーラーを学習していることは、タルムードの理に適うことであると論証しているのである。

ⓔの欄には、タルムード本文中のハラハー（ユダヤ啓示法）が、後代のユダヤ律法典のなかでどこに引用されているかがまとめて表示されている。このあと第3節で紹介するが、一二世紀

のスファラディ系のラビ・哲学者マイモニデスは、イスラム法典編纂の影響を受けて、ユダヤ教世界で初めて体系的に法典を編纂した。そのとき、タルムードの内容はまったく形を変えて、マイモニデス独自のユダヤ法典『ミシュネー・トーラー』の中に組み込まれた。

マイモニデスにとって重要なのは、タルムードの議論ではなく、議論の結果導き出された法規範を確定することであった。では、マイモニデスが確定した法規範は、タルムードのなかのどこにあるのか。後代のラビは調べた結果を示すために、バビロニア・タルムードのゲマラの議論で言及される法規範と、マイモニデスの編纂した法典とその後の法典『四列』『シュルハン・アルーフ』(後出)とのクロス・レファレンスを、タルムードの欄外の一角に置くことにしたのである。

以上のように、タルムードの一頁を学ぶことは、聖書から始まって、古代のラビの教え、中世の註釈、中近世の律法典までを網羅し、ハラハーとアガダーを含めたユダヤ教の学問の全貌を学習することを意味する。近代になって東欧リトアニアで興った学問の復興は、この学習の伝統を蘇らせ、学生ひとり一人に対して、自分自身でタルムードと格闘してラビたちの論争を理解し、自分自身で結論を導くよう要求した。各時代で最高権威とされたラビたちが、知恵のみを権威の根拠として徹して議論したところに、タルムードの開かれた学問に通底する真骨頂があるからである。

第2節　論争と対話

師匠への奉仕

ラビたちは弟子の育成に関して特有の概念を生み出した。「師匠への奉仕（シンムーシュ・ハラヴ）」である。師に同行して至る所で師の振る舞いを学ぶことが、トーラーの生きた手本を学ぶ最良の手段とみなされた。ラビと弟子との関係は、主人としもべの関係に類比される。

ラビと弟子との関係が、同時代の主人としもべの関係と重なるとすれば、トーラーの継承についてある想定が可能である。『出エジプト記』によれば、預言者モーセは「神のしもべ」あるいは「神の人」であり、ヨシュアは「モーセのしもべ」であった。ミシュナから知られるトーラーの伝承経路によれば、モーセはシナイ山で神からトーラーを授かって後、それをヨシュアへ伝えたとされる（ミシュナ／アヴォート篇1章1節）。ヨシュアは、エジプトにいた頃からのモーセのしもべであり、荒野の四〇年の間、つねにモーセに随行し、モーセの振る舞いを実地に学んだ弟子であった。その間に、ヨシュアは無尽蔵の口伝トーラーさえも吸収して、それを次代の長老たちに伝達した。

モーセは、いわばラビたちのロール・モデルである。ラビ・ユダヤ教において、モーセは「モシェ・ラベーヌー（我らのラビ、モーセ）」と呼ばれている。モーセはラビの中のラビなのである。そして、モーセとヨシュアの師弟関係こそ、師とそれに仕える弟子との関係の理想形に他ならない。ミシュナ時代のラビたちは、これを師《し》資相承《しそうしょう》の叙任という方法で実践した。師のもとでトーラーの学問を極めた者は、預言者にも匹敵するような資質へと高まり、復活にふさわしい人格を完成させることになる。

モーセに基づかせる

賢者から弟子への師資相承は、古い時代の教えがそのままのかたちで後代へ伝えられることを意味するわけではない。もしそうであれば、口伝トーラーなどという概念は慣習や不文律と同様の意味しかもたないであろう。トーラーの学習では、たんに旧をなぞるのではなく、新たな問いの発見と実践が求められている。ラビたちの学問は、そうした要請に応えられるだけの実質を備えていた。

二つのトーラーという教義、すなわち神の啓示であるトーラーには成文のほかに口伝があるという教義、これには重大な意味が込められている。口伝は文字に残されていないために、その分量を推し量ることができない。このことは、神の教えが無尽蔵であることを示唆している。口伝トーラーにおいては、神の教えは歴史的に変遷することが肯定される。それでいて、口伝トーラーはシナイ山におけるモーセにまでさかのぼることができる。ラビたちによれば、後代の弟子たちが師に尋ねるまったく新たな問いに対しても、モーセはあらかじめ神から答えを授かっている。こうして、たとえどのような新たな発見であっても、それを最高の権威であるモーセに基づかせることで認知できる巧みな方法論が確立された。

矛盾をぶつけることの真意

タルムードは、ほぼ全篇にわたる論争と対話のテキストである。それはいったい何を意味するのだろうか。

ラビ・ユダヤ教の口伝トーラーの最初であるミシュナが、複数の見解を併記し、論争の跡さえも書き残していることは、規範的テキストとしての性格を考えると極めて異例である。しかも、ミシュナを学習してゲマラを残したラビの世代は、論争の仕方をさらに洗練させた。対立する見解の双方がともに論理一貫性があることを論証したうえで、どちらに軍配を上げるかをめぐって論争する独特の弁証法である。

そのことは、タルムードを読むために必要な基本的な特殊用語を学べばすぐにわかる。ラビたちは明らかに、さまざまな矛盾を発見することに注目している。辻褄の合わないことや何らかの説明を要することが、彼らにとって神の意志を探究する際の目の付け所となっている。それは、次の四つの要素からなる。

①聖書テキスト内部の矛盾
②聖書とミシュナとの矛盾
③ミシュナ伝承同士の矛盾
④議論する賢者同士の主張の対立

もちろん、タルムードのテキストには、主張の対立がみられない伝承も数多く載っている。しかし、たとえあるラビの主張がそれ自体では首尾一貫していても、その次には必ずといってよいほど、別のラビによる違う主張が置かれている。そのため、テキストを見る後世の学習者にとってみれば、それらの主張の間に何らかの相互関係があるようにみえる配置になっている。「あなたの意見によればそうである。しかし、私はこう考える」というふうに。

このように、タルムードの学習は、かつてのラビたちがあたかも時空を超えて議論しているのを聴くかのように進められる。これは、タルムードのテキスト全体が、つねに誰かの問いに対して開かれていることを意味する。タルムードのラビたちの伝承は、思想家エマニュエル・レヴィナスによれば「人間の基礎的存在は倫理的なものであり、つねに他者を想定せざるをえない状況にある」ということの、最も確かな根拠になっていると思われる。

ラビたちの議論

ここでは、ラビたちがタルムードのうえで繰り広げている議論をひとつ紹介しよう。バビロニア・タルムードに、「女はアダムの肋骨から作られた」という聖句をめぐるラビたちの議論が伝わる。この聖句を受けて、一人のラビは「肋骨とは顔のことだ」と言い、もう一人のラビは「肋骨とは尻尾のことだ」と言う。意味不明な議論のように思われるかもしれないが、この二人のラビは、紀元三世紀、バビロニアのアモライーム第一世代の賢者、ラヴとシュムエルとされる。ともに極めて重要な賢者である。二人はバビロニアの同じイェシヴァで教えた時代があり、この議論はその頃の伝承かもしれない。

二人とも当然、人間の創造に関する聖書の記述のすべてが頭に入っている。それにしても、いったい何を論じているのか。「肋骨とは顔のことだ」と言ったラヴは、アダムが最初に創造

オスマン帝国のユダヤ人女性.
18 世紀初め頃.

されたとき、両性具有あるいは二つの顔を伴って作られたという聖句を意識して語ったと考えられる。ということは、男と女は創造のはじめから神によって識別されていたと主張していることになる。

　これに対して「肋骨は尻尾だ」と言ったシュムエルは、女の創造は神にとって二次的な価値しかもたないと主張したと考えられる。つまり、男女という性別、あるいはジェンダーの別は、二次的な区別でしかないという主張である。なんと深い議論だろうか。今日でも決着のついていない問題が、「アダムの肋骨とは何を指すか」という、ユダヤ人にとって身近で何気ない主題であるかのように工夫されている。

　また、その少し前の箇所では、人間の善性と悪性をめぐる見解の相違が示されている。これは、「ヤーツァル(形成する)」という動詞が、人間の創造の際に用いられていることから発展した議論である。この動詞から派生した名詞「イェツェル」というヘブライ語が、人間の欲望の源泉を意味する言葉として用いられることから、一人のラビは、人間には善性・悪性の両方が備わっているが、一三歳までは悪性が勝っているため、悪を犯しても罪には問えないと主張する。これに対立するもう一人のラビは、悪性は肉体に由来し、善性は神が吹き入れた命の息に由来するので、人間は神の意志に服従することによって善を為すと主張している。レヴィナスが言うように、ラビたちはタルムードの上で哲学をしているのである。

第３節　ユダヤ哲学

ギリシア哲学による挑戦

ユダヤ教信仰に対する挑戦という視点から考えると、ユダヤ人とギリシア哲学との出合いは、いわば最大の危機であった。人間は経験世界の現象の背後にある原理を知りたがる。この誘惑を拒むのは困難で、ギリシア哲学は形而上学的思索を突き詰めたものとしてユダヤ人たちを魅了した。ヘレニズム時代、アレクサンドリアのフィロンがギリシア哲学に則ってモーセの律法の意義を論じたことはその出発点である。

しかし、ユダヤ教のラビたちはその後、ギリシア哲学をきっぱりと拒絶し、ギリシア語によって思索するのをやめることで、この危機を退けた。その際、ラビたちが示した決定はミシュナの規定に垣間見られる。

ラビたちは調停を図り、ミシュナにおいて「上、下、前、後」四つの事柄の領域を措定した。そして、「上、下、前、後」の領域に思いを凝らす人について、「その人はあたかもこの世に生まれてこない方がよかった」と教える。「上」とは、天上の神の領域である。天上界は層をなしており、天蓋を超えた領域へと魂が上昇していく憧れを培った。「下」とは、人間の死後の世界である。霊魂の不滅をめぐって人間が知りたくてやまない領域である。「前」とは、自然学(アルケー)の領域である。時間軸をずっとさかのぼっていけば、天地創造の始まりへと行き着く。「後」とは、終末論の領域である。世界の終わり(エスカトス)に関する思索へと誘う。

ミシュナはこうみなす。人間としてこの世界に生まれたからには、果たすべき行いを為すべきであるのに、答えの出ない領域にばかり関心を抱く者は、あたかもこの世に生まれてこない方がよかったのだ、と。ここで「あたかも」という条件が付いているのは、「関心を抱く者」はまだ神の教えに逆らったわけではないからである。

しかし、ミシュナはこう断言する。人間は律法が教える現世の戒律に従っていればよい。それを信じて実践する限りは生きる余地は与えられている。だが、律法が教える戒律に疑いをもち、律法自体を否定する者は、この世に生まれてこない方がよかった、と。「造物主の尊厳（カヴォード）を尊ばない者はすべて、この世に生まれてこなければよかった」（ミシュナ／ハギガー篇2章1節）。この教えに対応するかのように、「来る世に分をもたない者」として具体的な例が挙げられている。すなわち、「死人の復活はトーラーに由来しないと言う者、トーラーは天からのものではないと言う者、エピキュロス主義者」（ミシュナ／サンヘドリン篇10章1節）である。

イスラム世界のギリシア哲学

ユダヤ人の学問を歴史的に通覧していえるのは、ギリシア哲学との桎梏のなかで推移したということである。ヘレニズム文化の影響下で、七十人訳ギリシア語聖書が編まれ、アレクサンドリアのフィロンという哲学者が現れ、歴史家ヨセフスがその名を馳せた。ユダヤ人によるギリシア語著作が生まれた時代である。

しかし、ラビたちはギリシア哲学との離別を決断する。ユダヤの学問はヘブライ語、あるいはアラム語で行われるようになり、口伝トーラーによって学問はすべて「神の言《ことば》」の解釈が中心になった。ギリシア特有の個人名による著作は影をひそめ、ハラハー（法規範）とアガダー（非法規的事柄）が学問の基本とされた。その精華がバビロニア・タルムードである。

タルムードを生んだのがバビロニアの地だったことは、ギリシア哲学から離れることを可能にした点で幸いであった。しかし、中東から発したイスラム世界が、北アフリカ、さらにはスペインを席巻して、ユダヤ人を取り巻く思想状況は再び一変する。アッバス朝時代にギリシア哲学がシリアのキリスト教徒によってアラビア語に翻訳されると、イスラムの学問はギリシア的思索にさらされるようになり、イスラム世界のなかで生きるユダヤ人にもその影響は抗いがたく及んだ。アラビア語を日常言語とするユダヤ人は、タルムードの学問に沈潜するばかりではいられない状況に置かれる。新しい学問として、哲学、論理学、言語学、天文学、医学など、ギリシアの学問が一世を風靡するなか、ギリシア的世界観による衝撃にどう立ち向かうか、それが中世におけるユダヤの学問の最大の課題となっていく。マイモニデスに代表されるユダヤ哲学は、そのような時代の大きな流れのなか、ユダヤ法学とギリシア哲学との総合によって誕生したものである。

哲学者マイモニデス

イスラム期のユダヤ哲学は、大きく二つに分類される。サアディア・ガオンが依拠したカラーム哲学の系統、マイモニデスが依拠するファルサファの系統の二つである。

マイモニデス(一一三五／三八－一二〇四)はスペインのコルドバに生まれ、アリストテレス哲学の薫陶を受けた。フスタートのユダヤ社会にあって、サアディアの築いたユダヤ教の教義体系を刷新することで、独自のユダヤ哲学を打ち立てた。マイモニデスは自らを普遍的な哲学史のなかに位置づけつつも、哲学的な知識はあくまで道具として、ユダヤ教の唯一神信仰を弁証することを生涯の使命とした。モーセ以来、イスラエルの預言者たちが伝え、ラビたちに継承された膨大な教えを誰もがたやすく理解できるよう、法典として体系化することを企てた。その成果が、「第二のトーラー」という大胆な名称をもつ大著『ミシュネー・トーラー』(一一七八年)である。

マイモニデスによれば、この世に生を享けた人間はすべて、神の教えを実践することで「完全性」を達成する責務を負っている。完全性には身体的な完全性と精神的な完全性とがあり、事の性質上、身体的な完全性の後に精神的な完全性が置かれる。戒律は完全性の追求のために実践するもので、モーセの律法に明示されているか否かにかかわらず、すべての戒律には必ず根拠と目的があり、人間の完全性と対応している。そして、戒律の根拠と目的は、哲学的思索によって明らかになる。『ミシュネー・トーラー』は、そうした確信のもとに体系化されている。

『ミシュネー・トーラー』は全一四書からなる。最も重要な工夫は、第一書として「知識の書」が置かれ、ユダヤ教の根本原理が規範として提示されていることである。第二書から第一四書は、具体的な行動規範とその目的が、ほぼミシュナの分類を細分化したかたちで列挙されている。

哲学的思索を学んだことによって信仰に疑いが生じた知識人のために、マイモニデスは『迷える者の導き』(一一八五年)と題する哲学書を執筆した。優れた弟子のヨセフに書き送るかたちで執筆されたこの著作では、ヘブライ語聖書を正しく理解するためには、ギリシア的な学問体系に従って、数学、論理学、天文学、形而上学を学ぶ必要が論じられている。ただし、目指すのはあくまで、神の啓示の書を正しく理解し、それを通して神を正しく認識することである。その点で、マイモニデスの思索は決してぶれていない。

マイモニデスは晩年に至るまで地道な執筆作業を続け、そのなかには珠玉の作品群が並ぶ。その壮大な知的構築物が、流浪と彷徨の人生にあって達成されたことは驚異的とも思える。コルドバで生を享け、ユダヤ教の男子の元服の年に当たる一三歳の頃にはイスラムのムワッヒド朝の侵略による強制改宗にさらされ、モロッコに逃れ、さらにはパレスチナへ渡って十字軍時代のアッコに滞在した。後にエジプトに移り、フスタートに居を定め、エジプトの宮廷医として生計を立てつつ、ユダヤの人びとの悩みや問いに寄り添い続けた人生であった。

マイモニデスの知的構築物は、中世という時代的制約はあるにしても、神の啓示としてのヘブライ語聖書を信仰の根幹に据えたユダヤ教という世界観の体系にとって、人間知性からの挑戦を語る際にはつねに模範として依拠される。スピノザがどう評価したかは別に、近代以降、モーゼス・メンデルスゾーンを嚆矢《こうし》として、西欧のユダヤ系哲学者や思想家にとって、マイモニデスはつねに重要な参照点となってきた。マイモニデス研究は、ユダヤの学問の最重要領域のひとつとして今日まで続いている。ユダヤ人として生きる人びとが参照してやまない古典であり続けている。

律法典の形成

ユダヤ哲学の営みはマイモニデスで頂点を迎え、その後は衰えて、わずかに一四世紀のハスダイ・クレスカスが活躍したのみである。哲学に代わって創造論や悪の存在などの形而上学的思索を担ったのは、カバラー（ユダヤ神秘主義）であった。哲学がおもにアラビア語を通して行われたのに対して、カバラーは、ヘブライ語とアラム語によって思索が深められた分野である。その宗教独自の思索が展開されるためには、その宗教本来の言語による営みがいかに重要であるかを教えられる。

マイモニデスのユダヤ法学とギリシア哲学との総合の企ては、その後、一六世紀にイスタンブルで『ミシュネー・トーラー』が出版されていることからみても、スファラディ系ユダヤ社会では長らく継続されたと考えられる。しかし、欧州のアシュケナジ系ユダヤ社会で重要視されることはなかった。彼らの慣習が考慮されていなかったためである。

それに代わって一四世紀にスペインで発達した、別の視点からの律法典の編纂が受け入れられていく。それが、戒律を四つに分類した新たな発想による書物『四列』である。これを執筆したヤコブ・ベン・アシェルはドイツ出身のラビの息子で、ハラハーの碩学であった父の教えを体系化させた。

ベン・アシェルの『四列』は、ユダヤ哲学の伝統とは無縁のアシュケナジ系の学問に由来するためか、マイモニデスの律法典とは異なり、神の概念や預言、善悪などに関する理論的考察はない。具体的な規範を伝統に従ってまとめあげた法規集という印象を与える。しかし、おもにアシュケナジ系の行為規範によって構成されていたことから、東欧で長く参照されていくことになった。

『シュルハン・アルーフ』による統合

『四列』の分類方法による律法典は、ユダヤ人がスペインを追放された後、スファラディ系のラビ・ヨセフ・カロ(一四八八―一五七五)によって取り入れられた。ヨセフ・カロは幼くしてスペインを追放され、バルカン半島を経由して最後はパレスチナのサファドに定住し、学問を深めた。その地で神秘家的素質を発揮して、多くのカバリストを育成するとともに、法規範に関する啓示を体験して、新たな律法典の編纂に着手した。それが『シュルハン・アルーフ(準備された食卓)』である。

『シュルハン・アルーフ』は、先行する三人の偉大な律法学者の見解を総合するという方針で編纂された律法典であった。そのうちの二人はスファラディ系、一人はアシュケナジ系である。ヨセフ・カロは、本人もスファラディ系の出身であったせいか、その律法典は主としてスファラディ系の生活慣習を受容したものであった。そのため、アシュケナジ系の賢者はこの法典を基準とすることに同意しなかった。このままではユダヤ教の集団が分裂しかねない。そのとき、『シュルハン・アルーフ』にアシュケナジ系の慣習を補足する課題を果たしたのが、一六世紀のポーランドを代表するクラクフのラビ・モシェ・イッサーレスであった。当時のポーランドはアシュケナジ系ユダヤ人の中心地であり、現在のポーランドとリトアニアを合わせた広大な領土を擁していた。第1章でも述べたように、ユダヤ社会はこの地で広範囲の自治を享受し繁栄していた。このクラクフのラビの働きにより、『シュルハン・アルーフ』はユダヤ社会を統合する規範となっていくのである。

一五六五年、編纂の成った『シュルハン・アルーフ』が出版されると、この年を境として、それ以前に出現したラビたちを「初期の賢者」、その年以降に出現したラビを「後期の賢者」と呼んで、学問の流れを示す際の基準を表す旗印とした。こうして紆余曲折を経た後、一六世紀後半以降、アシュケナジ系とスファラディ系の両ユダヤ社会がともに依拠する律法典として、『シュルハン・アルーフ』は不動の地位を獲得したのである。

第4節　ユダヤ精神の探究

東欧の肥沃な精神世界

アルプス以北の欧州では、アシュケナジ系ユダヤ人がヘブライ語の学問世界に深く沈潜して、独自の解釈学の世界を切り開いた。近代には、ポーランドとリトアニアを中心に、東欧でユダヤ教の複雑で多様な文化が開花していく。

近代的な国民国家への移行を遂げた西欧諸国とは異なり、ポーランド分割で典型的にみられたように、東欧ではユダヤ人の市民権取得の政治的条件は失われた。しかし、ユダヤ法学とカバラーを中心にユダヤ教の中心主題が深く学習され、正統派ユダヤ教、ハシディズム、ユダヤ啓蒙主義（ハスカラー）の三つ巴の学的潮流が、肥沃で豊饒な精神世界を醸成していくことになった。

今日のユダヤ教の礎は、一九世紀リトアニアでのタルムード学の再生によって築かれたと言っても過言ではない。近代化が遅れ固陋な伝統に埋没した地域とみなされた東欧リトアニアの地で、ユダヤ啓蒙主義とハシディズムの新思潮が勢いを増すなか、正統派ユダヤ教が伝統の学問を根底から改革し、タルムード学の刷新、あるいは革命を引き起こした。その立役者がヴィルナのガオンこと、ラビ・エリヤ・ベン・シュロモー（一七二〇―九七）と弟子のラビ・ハイーム（一七四九―一八二一）である。

ヴィルナ（現在のヴィリニュス）は「リトアニアのエルサレム」とも呼ばれた街で、一八世紀には正統派ユダヤ教の拠点であった。ラビ・エリヤの思想は、ケーニヒスベルクやベルリンの啓蒙主義に影響を受けた先進的なもので、一九世紀に開花するユダヤ啓蒙主義を先取りし、古典的なユダヤの学問に清新な息吹を注入した。ギリシア哲学の形而上学的な思索には反対したが、その学問領域はタルムードを中心として、世俗の学を否定することなく、聖書地理、歴史、天文学、数学、ヘブライ語文法に及んだ。

ラビ・エリヤが目指したのは、タルムードのテキストそのものに深く沈潜し、テキストから新たな意味を引き出すことであった。誰もタルムードの権威は疑わないが、マイモニデス以後に発達した律法典の法解釈学があまりに精緻を極めたため、学生たちはその理解と議論に振り回されるようになり、タルムードのテキストそのものと向き合うことが疎かになった。そうした状況を憂えたラビ・エリヤは、伝統的な『シュルハン・アルーフ』の権威への依存心を砕き、タルムードそれ自体のもつ拘束力を強く主張した。法解釈の権威に頼ることなく、タルムードに戻って自ら善悪を判断せよ。これが、ラビ・エリヤの掲げた啓蒙の理念である。

ヴォロジンのイェシヴァ

ラビ・エリヤの教えにもとづく新たなタルムード学は、弟子のラビ・ハイームによってヴィルナ近郊のヴォロジンという寒村に設立された学塾(イェシヴァ)で開花する。一八〇二年のことである。師匠の教えを実践したヴォロジンのイェシヴァは、わずか一〇人から出発した。ところが、その名声は瞬く間に広がって、ハシディズムやユダヤ啓蒙主義以上に、リトアニアやロシア各地の有為な若者を惹き付けた。ヴォロジンのイェシヴァはその後、東欧におけるタルムード・アカデミアの祖型となる。一九世紀後半には、ラビ・ハイームの学を受け継いだ弟子たちが、ヴォロジンのイェシヴァにならった学塾を次々に設立し、後進を育成する体制を整えていった。その伝統は、アメリカとイスラエルを中心に、いまもユダヤ・タルムード学の命脈を保ち続けている。

ラビ・ハイームがリトアニアの寒村ヴォロジンに設立したイェシヴァ．

イェシヴァの学生たちは、一年から数年にわたる寄宿制度によって徹底的にタルムードに沈潜する。日課としては、まず午前三時に起床、八時まで自習。朝の祈りと朝食後は塾長による各週のトーラー朗読箇所の講義がある。午前一〇時から午後一時までは、指導者との学習や塾長の講義がある。昼食後、夕方四時に午後の祈り、夜一〇時まで学習、続いて夜の祈りと夜食、その後は自習と就寝となる。

塾長のラビ・ハイーム自らが奔走して寄付金を集め、学生の学費負担を減らすべく努力した。ヴォロジンのイェシヴァは、ラビになるための職業学校ではない。ここを巣立った若者は世界各地へ散ってさまざまな職業に従事し、ユダヤ社会の指導的立場に就いていった。彼らには、タルムードが理想とするユダヤ精神の体現者であることが求められた。一年間在籍した詩人のハイム・ナフマン・ビアリクは、ここを「ユダヤ精神が育まれる館」と評している。ヴォロジンのイェシヴァには、英国のパブリックスクールにも比せられる教育理念があった。ユダヤ人の有為な若者の誰もが、人生のある期間、タルムードの学問に沈潜することによって、その後の世俗的生の領域にユダヤ精神を浸透させることを期待されていたのである。

ラビ・エリヤにより始まったリトアニアの新たなタルムード学は、ユダヤ教における古典学習の革命であったといってもよい。その衝撃の大きさは、迂遠なようだが、後代の第一級の思想家たちに与えた影響から推察できる。木はその実によって知られるのである。ここからは、その「実」ともいえる二人の思想家に登場してもらおう。エリ・ヴィーゼルとエマニュエル・レヴィナスである。

エリ・ヴィーゼルと二人の師

エリ・ヴィーゼル(一九二六―二〇一六)は、ショアーで死んだ人びとの魂の叫びを書き続ける作家として、また人権活動を通して暴力の不正を訴えた活動家として生涯を過ごした。自身のアウシュヴィッツ体験をもとに執筆した小説『夜』(一九五五年)で知られる。ヴィーゼルがショアーを生き延びたのは一七歳のときであった。

幼少からハシディズムの雰囲気のなかで育ったヴィーゼルだが、ユダヤ教の真髄への確信を深めたきっかけは、伝説のタルムード学者モルデカイ・シュシャーニとの出会いであった。アウシュヴィッツから解放されて直後のことである。ヴィーゼルが描くシュシャーニは、先入見を砕いて、知ったつもりの慢心を根底から覆し、根拠を問い、真理に向かってたゆまず前進する力を引き出す人だった。その学問の方法は、知識を立て直す前に徹底して破壊するというやり方である。ヴィーゼルによれば、シュシャーニの生き方そのものが、知識の内部に横たわる闇の探究を促すようであったという。シュシャーニとの出会いは、まさに生きたラビの手本との出会いであり、ヴィーゼルにとって「回心体験」ともいえるものであった。

エリ・ヴィーゼル(上)とソール・リーベルマン(下)

その後、米国に渡ったヴィーゼルは、ソール・リーベルマン(一八九八―一九八三)という稀有なタルムード学者と出会う。シュシャーニ以上に感銘を受けたヴィーゼルは、リーベルマンを人生の師と仰ぐに至る。以来、週二回、師との一対一の対話が、リーベルマンが死去するまで一七年間続いた。ヴィーゼルは、リーベルマンの深い学識と透徹した人間分析に触れ、すべての学問がタルムードのなかで体系的に組織され整理されることの驚異を体験する。ヴィーゼルを指導した二人のタルムード学者はいずれも、ヴォロジンのイェシヴァで始まった新しいタルムードの学問を継承する大学者であった。この二人に教えを受けたヴィーゼルは、その生涯を通じて、権威を疑い、根拠に挑戦する姿勢を貫いたのである。

学ぶことは生きること

リーベルマンはベラルーシ生まれで、青年期にリトアニアの学塾の一つに学んだ。キエフ大学を経てヘブライ大学でタルムード学の講師となり、後にニューヨークのユダヤ神学院で教えたタルムード学者である。

そのリーベルマンが、一九四八年のラビ会議で、ある興味深い逸話を語っている。第一次世界大戦下のワルシャワでの話であるという。ドイツ軍の諜報部隊にいた、あるドイツ人作家によると、当時、ワルシャワの諜報部員の間では、市内のユダヤ人地区での不可解な出来事が話題になっていたという。夜に客を乗せていない馬車が次々とやってきて、御者がどこかへ消えていく。不審に思った部員の一人が物陰に潜んで監視していると、御者たちはみな、ある建物の二階の部屋に入っていくことがわかった。そっと扉を開けて中を覗くと、御者たちは帽子をかぶったまま本の上に身をかがめ、何か講釈する人の声にじっと耳を傾けている。部員はその光景が理解できず、中のひとりに片言のイディッシュ語で尋ねた。

「おまえたちは何をしているのか？」

「ここはシナゴーグで、自分たちは毎日、一日の仕事の後にここへ来て、ラビの法律の講義を聴いているのだ」

それはトーラーを学んでいる光景であって、反政府の謀議ではなかった。リーベルマンによれば、その諜報部員は、「我々ドイツ人の御者の方がユダヤ人の御者よりも知的に優れているだろう。しかし、毎日仕事が終わってから、ベルリン大学へ行って法律の勉強をするような人間はいない」と、上司への報告書に綴ったという。ユダヤ人と学問との関係をよく伝える逸話であろう。ユダヤ人にとって、学ぶことは生きることなのである。

正真正銘のラビとの出会い

エマニュエル・レヴィナス(一九〇六―九五)はタルムード学を、現代に生きるユダヤ人にとっての「遺産」であるとみた。パレスチナ以外の土地に住み、ユダヤ的でもありギリシア的でもあることを希望するユダヤ人が生きていくために、タルムードの知恵は不可欠の教えである。そう考えるレヴィナスは、これを現代的に定式化することを自らの使命とした。

レヴィナスは、ナチスに親族を奪われて失意の頃、ヴィーゼルと同じくシュシャーニから、三年にわたってタルムードの薫陶を受けている。すでに三十代の後半であり、遅い出発であった。彼の学んだ成果は、一九六〇年代以降、毎年のタルムード講義で披瀝された。それが後に『タルムード講話』として出版され、世界中で読者を獲得することになる。

レヴィナスによれば、タルムードのラビたちが語ることは教化的言説ではなく、彼らの知的な格闘の軌跡であり、果敢で知的な切開作業である。また、ラビたちは瑣末な問題を論じているようでいて、じつは根本的な概念を掘り下げている。対話的で論争的な語らいから、多重的な意味がたちのぼってくる。祭日に取れた鶏卵を食べてよいかとか、突く癖のある牡牛による損害の賠償はどうするかなどを話題にしていても、それは卵や牡牛を論じているのではない。ラビたちは哲学をしているのであって、この地上に存在する物を分類し、神の法規範を適用していくのである。

レヴィナスが、ひとり一人のラビとその発言に対して並々ならぬ吟味と思索を行うことは、おそらくレヴィナスの実体験、かつて正真正銘のラビと出会った体験に根ざしているのではなかろうか。レヴィナスには、一人の本物のラビがいればユダヤ教は存続するのに十分である、という確信があったと指摘されている。レヴィナスは、シュシャーニにタルムードの化身を見たとさえいえるかもしれない。それは、レヴィナスとシュシャーニの二人が、ヴォロジンのイエシヴァが目指した道の延長線上にいることを意味する。

レヴィナスとシュシャーニとの関係は、ラビとその弟子との伝統的な師弟関係に他ならない。レヴィナスはシュシャーニからの学びのなかで重大な何かを会得したと思われる。その人格に触れることで自らの思考の殻が砕かれるような体験、先入見が叩き壊される衝撃といったものが、シュシャーニとの出会いから生まれたといえないだろうか。

レヴィナスにとって、タルムードのなかで登場するラビたちもまた、シュシャーニと同様、正真正銘のラビであった。たとえその人物に会えなくとも、タルムードに残された言葉を通して、その人格と触れ合うことができる。また、そうするのが教えを受ける者の義務である。それが、タルムードのテキストを講義するときのレヴィナスの姿勢だったのである。

世俗教育との両立

ユダヤの学問は元来、ユダヤ人としてトーラーを基盤とする啓示法的社会に生きるためのものであった。ヴォロジンのイェシヴァも、そうした伝統の刷新として登場したものである。ところが、西欧のユダヤ社会では、国民国家に同化して市民権を取得する過程で近代西欧の学問を完全に取り入れ、ついにはマルクス、フロイト、アインシュタインに代表される天才的知識人を輩出するに至った。

有為な若者が新しい学問に惹かれるのは道理だが、その一方で、ユダヤの伝統を西欧の新しい学問といかに接合するかが課題となった。この課題を自覚した若者たちが一九世紀前半に生み出したのが、いわゆる「ユダヤ学」である。西欧の新しい学問にならいつつも、ラビ・ユダヤ教独自の価値と意義を西欧の非ユダヤ人に理解させるための学問研究である。しかし、ユダヤ学はユダヤの伝統を破壊し葬り去るものとして、伝統を重んじる人びとの間では警戒された。ユダヤ教改革を目指す人びとが中心だったからである。

市民権を取得し西欧社会に進出するユダヤ人は、市民的教養を身に付け、社会的貢献を求められる。世俗の教育を受けながらもユダヤ教徒としての自覚をもちつつ生きていくには何が必要か。大学での世俗教育と伝統的なタルムード学の教育とをいかに調和させるか。ラビの養成機関が世俗教育も担うべきではないか。そうした課題が強く意識されるに至った。

いくつか具体例を挙げてみよう。アメリカには現在、正統派のイェシヴァ大学、保守派のユダヤ神学院、改革派のヒブル・ユニオン・カレッジなどがあり、イスラエルには正統派のバル・イラン大学などがある。日本風にいえば「ユダヤ教の宗門大学」だが、いずれもラビ養成機関でありながら世俗教育の最高峰を目指す総合大学でもある。個人に目を向けると、イェシヴァ大学で教鞭をとったラビ・ヨセフ・ソロヴェイチクは、リトアニアのタルムード学の家系の出身で、正統派のラビを最も多く育てた、人望比類なき人物である。彼は強い宗教的使命感に裏打ちされた哲学書『ハラハー的人間』を著して、現代世俗社会に生きる正統派ユダヤ教徒のヴィジョンを明示した。また、市井の一宗教者として信仰に徹して生きる知識人も多くみられる。旧ソ連出身でハーヴァード大学の数学者であったデイヴィッド・カジュダンは、現代屈指のタルムード学者といわれる。ヘブライ大学で化学を教えながらマイモニデス研究を深め、イスラエル社会のあり方を批判し続けたイェシャヤフ・レイボヴィッツなどもいる。

世俗化した現世中心の現代国家にあって、宗教はいかに人間の生き方に貢献できるのか。ユダヤ教も、他の諸宗教と同じように、葛藤し挑戦し続けているのである。

第4章　社会から見る

第1節　ユダヤ人の経済活動

商業と金融の民

ここではまず、ユダヤ人の生活の糧の問題から考えていこう。長い離散生活のなかでユダヤの人びとは商業と金融の分野で才を磨き、寄る辺ない世の中を渡る術を身に付けていった。その感性と知恵は、どのように継承されてきたのだろうか。

ユダヤ人は初めから商業と金融の民だったわけではない。歴史的にみれば、フェニキア商人やアラブ商人の方が、商才に長けた人びととしてはるかに世に知られていたと言ってよい。ユダヤ商人が活躍を始め、その名を知られるようになるのは、イスラム世界の拡大と軌を一にしている。バビロン捕囚からの解放後、すでに定住していたバビロニアに加え、ユダヤ人の定住域はエジプト、レバノン、シリア、小アジア、ギリシアなど、東地中海全域に広がりを見せた。そのなかで、交易がユダヤ共同体の存続上、きわめて重要な活動になっていく。

とりわけ、アッバス朝が支配した広大なイスラム世界では、ユダヤの有力な大商人の活躍が顕著になり、ユダヤ人の宮廷銀行家（ジャフバズ）も輩出するようになった。統治者は富裕なユダヤ共同体から税を徴収する政治的思惑をもちつつ、ユダヤ人をイスラム世界のなかの一員として受け入れていたのである。時代はずっと下るが、一六世紀、オスマン帝国のスレイマン大帝の語った言葉が、この点をよく示している。高利貸しのユダヤ人を追放すべきとの枢密院の発議を受けた大帝は、色とりどりの花を生けた花瓶を見せて、こう言ったという。「みなの者よ、この花のなかで他の花を引き立たせていない花がひとつとしてあろうか。長きにわたって共にいた者たちは、これまでどおり、今後とも守られ、受け入れられるほうがよい」

オスマン帝国のユダヤ人両替商.
19世紀初め.

同じ頃、英国人のある貿易商は、交易都市アレッポを訪れた際の驚きをこう語っている。「都市の喧噪が、信仰の自由を享受するユダヤ人、タタール人、ペルシア人、アルメニア人、エジプト人、インド人、そして多くのキリスト教徒によってもたらされていることに胸打たれた」。このような光景は時代を超えて、ユダヤ人の商業活動が栄える条件を示して余りある。それは、現代のニューヨークを思い出してもらえば一目瞭然であろう。

交易都市で活動するユダヤ人にとって、宗教的寛容とコスモポリタニズムは生存のための基礎的条件なのである。

中世のイスラム世界では、地中海とインド洋とを繋ぐフスタートを拠点に、ユダヤ商人の大規模な遠隔交易が活況を呈した。こうしたユダヤ商人の活躍は、シャルルマーニュによる招きを機にアルプス以北のヨーロッパにも広がった。第1章でも述べたように、スペインから追われたユダヤ商人は、オスマン帝国やイタリアに新天地を見出して通商活動を活発化させていった。ポルトガル出身の新キリスト教徒（コンヴェルソ）のユダヤ商人はアムステルダムを拠点にアジアやアメリカ大陸への通商路を開拓し、大航海時代の幕開けに一役買った。近代になって産業革命が進展すると、鉄道事業への投資を活発化させ、銀行経営にも乗り出し、二〇世紀には石油開発事業にも進出した。こうした系譜は何も西欧諸国やアメリカだけのものではない。現代のロシアのオリガルヒへも連なる系譜をなしているのである。

利子取得の正当化

ユダヤ共同体では、聖と俗の分離によって日々の行動規範が定められている。それを経済活動の観点から見ると、近代の自由主義的経済人の理念を先取りしたものであることがわかる。

離散生活を常態とするユダヤ人たちは、生業を営むうえでさまざまな困難に直面した。異教徒の支配者とどのように契約を結ぶか。迫害を受け移住を強いられた土地で仕事をいかに立て直すか。自分のためだけでなく、家族のため、共同体のためにどう振る舞うべきか。ユダヤ人は解決しがたい難題に行き当たったとき、ハラハー（ユダヤ啓示法）の行動規範に照らして自らの行いの是非を判断した。経済活動に関わる行いでいえば、職業の選択、蓄財の方法、資産の活用法、利子取得の当否、適正な利子と不当な利子の識別などが挙げられよう。

とくに、ユダヤの人びとにとって利子取得を正当化し、利潤追求を是とすることは、商業活動を円滑に進めるために解決すべき宗教倫理的な問題であった。聖書は、同胞間での利子取得を厳しく禁じている。これを「トーラーの禁令による利子」という。ユダヤ教と聖典を共有するキリスト教でも同様に利子取得は禁じられており、伝統的なローマ法の契約理論と相まって、人びとの倫理観に強く影響を与えていた。後述するように、西欧キリスト教社会がこの倫理的な縛りを脱して経済活動に邁進するよりもはるか以前に、ユダヤ人はトーラーの禁令に抵触せずに利子取得を正当化する方法を考え出していたのである。

マルクスの主張

自由主義的経済人による利潤追求は、いまや欧米資本主義の専売特許になった観もある。しかし、そもそもの由来はユダヤ人の経済行動にあると見抜いていた人物がいる。カール・マルクスである。ドイツの哲学者バウアーのユダヤ人論考に触発されて書いた一八四四年の論文「ユダヤ人問題によせて」のなかでマルクスは、ユダヤ人の神は為替手形、金はイスラエルの熱烈な神であり、その前にはいかなる神もありえないと喝破した。ユダヤ人の世俗的道徳は利己主義、その宗教は強欲である。マルクスは辛辣な表現でそう断定している。

ここで表現の過激さに気を取られてはならない。肝心なのはマルクスの視点である。マルクスはここで、バウアーが「安息日のユダヤ人」を念頭にユダヤ人問題を考えていることを批判する。そして、「ユダヤ人の現実を見よ」と指摘して、日常の世俗生活でのユダヤ人を観察するよう促す。それに続いて先の辛辣な言葉が続くのだが、穏やかな表現を使えばそれは、ユダヤ人はすべての物を商品と見て、何事も金銭評価して考える人間だという指摘である。

ユダヤ人は、そのような邪なユダヤ教から解放されなければ、真に人間的に解放されることはない。ユダヤ人は政治的には解放されたが、宗教的にはいまだ解放されないままである。そのため、真に人間的に解放されずにいる。そして、これはユダヤ人だけの問題ではない。ユダヤ人を含むすべての人間は、究極的には、ユダヤ教から解放されなければ真に人間的に解放されない。これがマルクスの主張である。

「ユダヤ人の現実を見よ」というときにマルクスが想定しているのは、ユダヤ教には二つの側面があるという認識である。すなわち、安息日のユダヤ教と平日のユダヤ教である。ユダヤ教は聖と俗を厳格に二分する宗教であるため、一日の安息日の行動規範と六日間の平日の行動規範とが、いわば排他的関係にある。バウアーは安息日のユダヤ人のみを評して、古代東方の古臭い宗教そのままであることを批判し、ユダヤ教自体が変わる必要があると主張した。一方、それを批判するマルクスは、平日のユダヤ人の日常活動の根底に、すでにブルジョア的な経済観念と行動規範が確立されているのを見通し、その問題点を皮肉な表現で指摘した。金銭が世俗の市民生活を支配することを肯定する限り、ユダヤ教は人類全体にとっての脅威である。マルクスはそう説いているのである。

利子取得の二重基準

なぜマルクスはこのような主張をしたのだろうか。金銭貸与の視点からラビ・ユダヤ教を観察すると、その理由の一端を理解できる。

古来、ユダヤ人と非ユダヤ人とを区別する利子取得の二重基準がしばしば誤解を生み、ユダヤ人を非難する種となってきた。ラビたちはこの二重基準の解消のため、トーラーの教えにある同胞に対する無利子の規定を解釈によって厳密に分類することで、利子の取得が許される道を見出した。そもそも無利子の規定は、「困窮した同胞を虐げてはならない」というトーラーの教えの一環である。マイモニデスは、律法典『ミシュネー・トーラー』の第一三書「裁きの書」で、利子に関するユダヤ教の立場を次のように明言した。

「イスラエルの貧者に(無利子で)金を貸すことは為すべきこと(当為命令)である。「我が民の貧しい者に金を貸すならば云々」とある通りである。これを権利と考えてはならない。「必要なものを十分に貸し与えなさい」(『申命記』15章8節)と命じられているからである」

ここでは、ユダヤ人の貧者への無利子の貸付けは、神の意志に従う偉大な行為だと解釈されている。後述するが、ユダヤ社会では、同胞の貧者には金を与えるのではなく、無利子で金を貸すことによって、自ら働いて生計を立てられるようにすることが最高の喜捨とされる。ところが中世末期になると、活動地域の拡大に伴って、ユダヤ人の多くが商取引に従事し、交易商や行商人として遠隔交易を行うようになっていた。リスクの大きい遠隔交易は多くの資金を必要とする。そのためには借金も避けられず、また大きな損失を被る恐れもある。そこで賢明なるラビたちは、同胞に対する無利子の規定に抵触することなく、有利子の金銭貸借ができる方法を考え出した。債権者と債務者が共同で商いを行い、取引で生ずる利益と損失を双方が負担し、債務者は労働の報酬を債権者の利益の中から受け取るという方法である。『シュルハン・アルーフ』は、これを「商いの許可」として認めた。

このような方法が許されるとなれば、同胞であるユダヤ人に対しても、異教徒の非ユダヤ人に対してと同様に、利子取得を適用できるようになるのは必然である。実際、商取引における金銭貸与と利子取得は、ユダヤ人に対しても、非ユダヤ人に対してと同様に認められるようになった。ただし、これはあくまで商取引を目的とする場合で、商取引以外の目的の場合には、ユダヤ人の同胞に対しては無利子での金銭貸与が義務づけられた。これによって、利子に関する二重の基準は解消されたのである。

ロスチャイルド家

経済や金融でのユダヤ人の才覚は、マルクスの言うユダヤ人に霊感を与える「一〇番目のミューズ」のたとえからもうかがえるように、西欧では近代の初めからすでに特別視されていた。なかでもロスチャイルド家の隆盛は際立っている。ロスチャイルド家は、フランクフルトのゲットーから身を起こし、両替商を経て選帝侯の御用商人・融資者として財をなしたマイア・アムシェル・ロートシルトを祖とする。一族の確固たる基盤を築いたのは、その五人の息子たち(長男アムシェル、次男ザロモン、三男ネイサン、四男カール、五男ジェイムズ)である。

とくに、ロンドンを拠点とした三男ネイサンの商機を捉えた活躍がめざましい。懇意であったドイツの地方領主から英国の国債購入を委託されると、専用の国際的通信網でナポレオン戦争の勝敗をいち早く察知し、ロンドン証券取引所でイギリス国債を大量に購入して一時に巨万の富を得た。さらに、その豊富な資金をもとにフランスの戦後賠償を仲介して資産を拡大した。

フランクフルトにあったマイア・アムシェル・ロートシルトの家.

ちなみに、「ロートシルト(Rothschild)」の英語読みがロスチャイルドである。

注目されるのは、マイア・アムシェルの五人の息子たちは、それぞれ拠点とする西欧各国に同化し、近代国家の発展に大きく寄与したことである。長男アムシェルはフランクフルトにとどまり、次男ザロモンはウィーンへ、三男ネイサンはロンドンへ、四男カールはナポリへ、五男ジェイムズはパリへと移り住み、次男以下はそれぞれ分家として根を張った。なかでも、三男ネイサンの英国ロスチャイルドの存在は、帝国主義時代の大英帝国にとって重要であった。資本主義経済の根幹をなす金融で覇権を握った英国ロスチャイルドは、やがてフランクフルトの本家をしのぐ一族の中核となり、国際金融の世界で一大勢力を形成するに至るのである。

二〇世紀になると、アメリカでの東欧ユダヤ系移民の経済活動が注目される。ある指摘によれば、ユダヤ系アメリカ人の成功は、主として六つの産業分野に及んだという。①ユダヤ人の伝統的なビジネスである宝石・貴金属、毛皮、玩具、繊維業、②情報通信産業、③新聞などのメディア産業、④小売業、⑤不動産業、そして⑥金融ビジネスである。彼らが成功した理由は、帰国率の低さと都市出身率の高さであるといわれる。ロシアとウクライナでのポグロムなど、極度の貧困と迫害から逃れてきた人びとに再び帰る地はなく、アメリカを終の住処として生きていく以外になかった。また、東欧のユダヤ人のほとんどは都市住民であり、典型的な都市的職種(商店主、自営の職人、行商人、セールスマン)に従事することが容易であった。

加えて、貧困を理想化しないこと、質素倹約を尊ぶこと、勤勉さ、教育の重視、選民思想、周縁的人間という自覚、そして同胞への無利子貸付けなど、ユダヤ人独自の特性も理由として挙げられるという(佐藤唯行『アメリカ経済のユダヤ・パワー』ダイヤモンド社、二〇〇一年)。そうした特性をもとにした人的ネットワークが互いの生活を支え合い、時にビジネスの面でも活かされたと考えられる。職業選択の自由と広大な商取引市場の存在するアメリカでは、ユダヤ人の現実的な考え方と自発性も有利に働いたであろう。早期に経済界で成功をおさめる者もおり、銀行や証券取引などの分野で頂点を極める者さえ出現したのである。

第2節　ユダヤ人の人生の目標

神に選ばれた民

よそ者として生きざるをえないユダヤ人たちは、社会の底辺で不安に暮らすことを常としてきた。彼らに人生の目標を提示し、生きる勇気を与え続けてきたのが、ラビ・ユダヤ教であった。神に選ばれた民として唯一神の教えを実践し、かつ生き残ること。それがユダヤ人としての生きる証しであり、責務であり、喜びであった。この世での幸福と祝福は、行動の褒美として神が与えてくださるということである。

ユダヤ人の人生は、教育によって形成される。聖書、ミシュナ、タルムードを学び、神の教えとトーラーに従う生活である。そこでの目標は、戒律を通して完全な人間を目指すこと、神の教えにとことん従い、神に愛され、人に愛される人間になることである。しかし、律法は、ユダヤ人の生活を周囲の異教徒から差異化する。人とは異なる行動が求められる結果、律法を守ると異教徒との付き合いがスムーズにいかなくなることもある。厳格な食餌規定のため、非ユダヤ人とは食事も一緒にできない。安息日に仕事を一切しないことは、怠けているとみられる恐れもある。誤解が生まれ、不信感をもたれるかもしれない。社会的に立場の弱いユダヤ人の生活は不安定で、周囲からの迫害の危険とつねに隣り合わせであった。そのため、常日頃から生存の危機への対処を意識せざるをえなかったのである。

ノアの七戒と十の心得

ユダヤ教の理解では、ユダヤ教徒は唯一神との間に特別の契約を結んで選びの民となった。しかし、他の民族や国民も神と何らかの関係に置かれているはずである。ラビたちは、人類はすべてノアの子孫であり、究極的にはアダムにさかのぼるのであるから、シナイ山での契約より前に神が人間と結んだ契約は、すべての人類と結ばれた契約であり、人類はこれを守ることによって神に祝福されていると推論した。この契約は七つの戒律から成り立っており、「ノアの七戒」と呼ばれる。

この七戒のうち六つは、ユダヤ教が重視する典型的な禁止規定である。すなわち、偶像崇拝の禁止、神を呪うことの禁止、流血の禁止、性的不品行の禁止、盗みの禁止、生きた動物の肉を食べることの禁止。そして残りの一つが、正義の法廷の設置という当為命令である。十戒と類似していることがわかる。興味あることだが、現代のユダヤ教指導者は、このノアの七戒を基準にして、イスラム教はこれを備えているとして異教徒が守るに値する宗教であるとみている。これに対して、キリスト教は偶像崇拝の禁止に抵触する疑いがあるとして、判断を留保している。

ユダヤ教がトーラーを遵守する宗教であることからくる、ユダヤ社会の最大の特徴とは何か。三世紀頃と伝えられるタルムードの教えによると、ユダヤ社会にふさわしい制度と職業が一〇項目あがっている。それは、法廷、慈善の基金、シナゴーグ、公衆便所、公衆浴場の五つの制度、そして、医師、外科医、屠畜者、書記、子どもの教師の五つの職業である。神の法は正義の実践であり、それを保障する裁判制度の必要が説かれる。また、貧困に対する対策も正義の一環とされる。穢れを遠ざけ身を清くすることも、人間の聖性を求める神の意志の実現である。病人の治療と癒し、結婚契約書による妻の地位の保証、割礼の実施、食餌規定の実践、そして次代の担い手の教育、これらはまさにトーラーの真髄といえるだろう。

慈善と慈しみの行い

ユダヤ人の社会はどこも貧しかった。その貧しさには二つの意味があった。一つめの意味は、トーラーが飽食や贅沢を禁じ、清貧で「足るを知る」生活態度を命じたことからくる貧しさである。それは、お互いの生活を支え合う精神の育成につながる。貧困に陥った同胞に援助の手を差し伸べる正義の実践は、一家の大黒柱を失った孤児や寡婦への手厚い庇護を規定したトーラーの精神に源がある。二つめの意味は、歴史的に見て、ユダヤ人の社会は総じて経済的に貧しかったことである。離散社会を運命づけられ、寄留民として社会の底辺に生きる彼らは、理由もなく暴力にさらされ、迫害を受け、着の身着のまま逃げることも一再ならずあった。

貧しさは本人の責任ではない、という考えがユダヤ教にはある。それは離散社会の境遇を思えば納得できる考え方であろう。ユダヤ人の社会は、貧しさと律法（トーラー）とがいわばセットになって、生活を枠づけていたと見ることができる。不当不法な手段による金儲けは戒めるとしても、富裕であること、あるいは富裕になることを戒める教えは、ラビ・ユダヤ教には見当たらない。ただし、「財産が多ければ心配事も多い」（ミシュナ／アヴォート篇2章7節）、「富める者とは誰か。その持ち分を喜ぶ人のことである」（同4章1節）という蓄財に対する格言などは、戒めの効果をもつ教えでもあるだろう。

施しの八段階

ユダヤ法は、貧者が自らの貧しさを恥じていることを案じて、決して貧者を辱めることがないよう、人びとの振る舞いに厳しく注意を促している。『ミシュネー・トーラー』の第一〇書「種子の書」では、貧者への配慮の有無を勘案して、喜捨の種類が八段階に整理されている。

①まず最高の喜捨とされたのが、貧者に金銭を贈与もしくは貸与することで、あるいは仕事のパートナーとするか、もしくは仕事が見つかるよう助けることで、貧者が喜捨に頼ることなく自ら働いて生計を立てられるようにすることである。そこには、貧者への無利子の貸付けも含まれる。

②これより一段低い喜捨とは、受ける側は誰からの寄付か知らず、与える側も受け手に誰からの寄付か知られないよう、貧者に義援金を与えることである。

③もう一段低い喜捨が、信頼のおける人びとが管理する募金箱に寄付することである。

④さらにその一段下の喜捨が、受ける側だけが、誰からの寄付かを知っていること、⑤その下の喜捨が、貧者の求める前に直接援助を差し出すこと、⑥さらにその下が、求められてから

援助すること、⑦さらにその下が、不十分な額であっても寛大に差し出すこと、⑧そして最低の喜捨は、貧者の要求に不承不承応じて少額を与えることである。

慈善の基金は、公平性・平等性を確保することが大切である。正義（ツェデク）と慈善（ツダカー。ツェデクの女性形）は同義語であるから、余った富は共同体の共有とする教えも徹底している。喜捨以上に賞賛されるのは「慈しみの行為」である。これには制限がないとされた（ミシュナ／ペアー篇1章1節）。喜捨の対象は経済的な困窮者だが、慈しみの行為の対象は貧富に関わりはない。

歴史上、ユダヤ人はさまざまな地域で発生した虐殺や追放によって殺され、生活を奪われた。疲弊したユダヤ人は、同胞のユダヤ人に助けられて生き延びることを繰り返してきた。ロシアのポグロムの被災者しかり、ショアーの故郷喪失者しかりである。慈善の基金は、シナゴーグをベースにした小規模のものや、近代以降は欧米諸国などでの大規模な組織的事業の形態へも拡大された。近年は世界中の同胞ユダヤ人からの援助によって、先端医療の研究開発、貧困対策、老齢福祉に至るまで充実してきている。そこからわかるとおり、いわゆる近代福祉国家の理念は、そもそもユダヤ教の慈善思想を世俗化した概念ともいえる。ユダヤ社会は離散という不安定な境遇を常態とする。貧困に陥った者に手を差し伸べる種々の教えが、人びとの生活態度に指針を与え、ユダヤ人のエートス（特性）となったとみるのは妥当であろう。

第3節　近代メシア論

二つのメシア論

現代のユダヤ人が置かれた新奇な社会関係を考察するとき、近代に起こった二つのメシア論を知っておくことが重要である。これは、第2章の最後で述べた、近代ユダヤをめぐる二つの定義「宗教としてのユダヤ」「民族としてのユダヤ」とも連動する。近代における国民国家の建設は、それまでのユダヤ人の生活を激変させたが、この未体験の時代を生き抜くために、ユダヤ人は二つの相対立するメシア論に希望を見出した。

一つは普遍主義的メシア論で、ユダヤ人に同等の人間として市民権を付与した流れ、いわゆる世界市民主義に理想を見出す思想である。他の一つは、個別主義的メシア論で、ユダヤ人国家イスラエルの建設をもたらした、民族主義の流れをくむ思想である。二〇一八年現在、世界のユダヤ人の半数にあたる約六五〇〇万人がイスラエルに、残り半数の八割近くが北米に居住している。民族主義派と世界市民派がほぼ半々という状況にある。イスラエルは建国以来、ユダヤ人の社会で急速に存在感を増していることがわかろう。

フランス革命から始まる近代の国民国家建設は、啓蒙主義の理念による新たな社会づくりを本格化させた。そのなかで、ユダヤ人の生活環境も一変する。ユダヤ人解放である。ユダヤ人は、他の異教徒の人びとと同等の市民権をもつ者として社会に参入し、国家の発展に貢献し、また社会的な成功を享受できる地位を獲得した。西欧諸国に居住していたユダヤ人にとって近代の始まりは、いわばメシア的時代の幕開けであった。

フランス革命の自由平等と人権擁護の思想は、人類の普遍的救済を目指す思想であり、ユダヤ人にもその恩恵が及んだ。「虐げられた者」に対する普遍的救済の思想は、この時代の息吹を感じたハイネやマルクスから始まっている。自身もユダヤ人であったことから、彼らの思想は「メシアニズム的」ともいわれる。こうして、一九世紀の西欧に、ユダヤの知識人、企業家、専門職、学者、芸術家が陸続と登場し、目を見張る活躍が始まった。ユダヤ人は、もはや自分たちだけの特別な救済を望むことはできない。しかし、その代わりに、歴史における理想の実現に向かって世界全体を救済する時代が到来した。ユダヤ人はそれぞれの属する国家において、市民として十全に活躍し、成功をおさめ、社会に貢献すべきである。近代になって、ユダヤ人はそういう新たな現世的目標を設定できるようになった。

この普遍主義的メシア論の立場からすれば、ユダヤ人が祖国をもたずに世界中に離散している状態は、決して悲観的・否定的に見られるべきことではない。ユダヤ人は、自身の利己的な利害に固執することなく、世界市民として、人類全体の進歩と繁栄に貢献するよう使命が与えられている、といえるからである。これこそ、聖書の預言者の説く理念であり、ユダヤ人は正義と慈愛で人びとを導く模範でなければならない。そういう考え方が生まれてくるようになった。普遍主義的メシア論の視点から、預言者的ユダヤ教の理想が語られ、かつては旧ソ連のユダヤ人抑圧への抗議運動が世界的に展開されたこともある。現代では、強権的イスラム国家によって抑圧されるイスラム教徒に向けて、ユダヤ人が共感と連帯の声を上げることもある。これらはいずれも普遍主義的メシア論の実践といえよう。

シオニズム

普遍主義的メシア論からすれば、ユダヤ人の理想は、国家をもたない世界市民として人類の進歩と繁栄に尽くすことである。それに対して、一九世紀末から、ユダヤ人を民族集団とみなして、民族固有の国家をもつべきとする個別主義的メシア論が台頭した。シオニズムである。これは、欧州各地でナショナリズムが勢いを得て民族国家建設への期待が高まるなか、帝政ロシアのポグロムやフランスの反ユダヤ主義に対して未来を憂慮したユダヤ知識人によって練り上げられた政治理念である。

テオドール・ヘルツルがシオニズムを唱えたとき、世界はこれを嘲笑した。ヘルツルは日記に「五〇年後には世界はあっと驚くであろう」と記したが、はたして一九四八年、イスラエル国家の誕生として現実のものとなった。イスラエルの独立宣言は、建国をヘルツルの予言（ハゾン）の成就であると記している。

シオニズムの思想は、ユダヤ人の解放という大道に逆らう流れであった。しかし、ドイツや中欧諸国の民族主義の流れに乗る思想であった。社会進化論、人種優劣論、優生学が興隆し、ユダヤ人を差別する風潮が強まるなか、西欧の同化ユダヤ人の間では現実を見て見ぬふりをする自己欺瞞がはびこっていたと、ゲルショム・ショーレムは述懐している。

そこに悲観的状況を見て取った人びとが、再びユダヤ精神を掲げて独自の生きる道を模索したのには、しかるべき理由がある。とくに、ユダヤ人を「民族

テオドール・ヘルツル（1860-1904）．シオニズムを提唱したヘルツルは，ユダヤ人は独自の国民であると主張した．

集団」とみる見方は、帝政ロシアのユダヤ知識人に由来するという指摘がある。ポグロムにより同化の希望を断たれたユダヤ知識人は、ユダヤ人の国家的な共同体を創設することで、ロシア国内のユダヤ人の待遇が改善されるのではないかという期待を抱いた。しかし、同じユダヤ人というだけで、言語も文化も出身地も異なる人びとが一つにまとまるのは容易ではない。その課題に解答を与えたのがシオニズムであった。

シオニズムを掲げた人びとは、地上の一定の土地に、ヘブライ語という共通言語をもち、防衛力を備え、経済的に自立した民族国家を建設するという理念の実現に向かって邁進した。自分たちの民族国家を造ることは、どの民族にも与えられた自然権である。そうだとすれば、個別主義的メシア論も、ユダヤ人のみの個別的な救済ではなく、普遍的な救済を目指さねばならない。そこで「共存」という価値が重要な要素として浮上してくることになった。

離散ユダヤ人は捕囚民か

ユダヤ人が西暦七〇年以来、祖国を追われて世界各地に散った状況は、しばしば「捕囚」であると理解されてきた。これをヘブライ語で「ガルート」と呼ぶ。イスラエルの民は神に対して罪を犯し、その罰としてガルートの状態に置かれていると考えられた。一方、救済とは、罪を悔い改めて神のもとに帰ることにより、神が恵みを垂れて、捕囚から元の状態に戻されることをいう。すなわち、神はイスラエルの民を祖国に復帰させ、エルサレム神殿は再建され、供犠が再開され、ダビデの王国が再建される。そして、世界各地でガルートの状態に置かれたユダヤ人たちが戻ってくる。シオニズムが描いたのは、そういうシナリオである。

救済の教えは、ユダヤ教の伝統的な十八祈禱文で明確に示されている。ユダヤ人は古代から今日まで、これを唱えてガルートからの贖い（ゲウラー）を希求してきたことになっている。現代のイスラエル国家は、独立宣言においてこの立場を鮮明にしている。ユダヤ国家の誕生は、ガルートからの贖いが神に通じ、ユダヤ人の救済が起こったことを意味すると主張した。これはつまり、「メシアの世が実現したのだから、捕囚の時代は終了した。さあ、世界のユダヤ人よ、祖国へ帰還しなさい」という呼びかけでもある。シオニズムに終末論的諸要素が見られるゆえんである。この理念を根拠に、イスラエル初代首相ベングリオンは、アメリカのユダヤ人に向けて祖国への帰還を呼びかけた。一九四九年のことである。

この呼びかけに対して、アメリカ・ユダヤ評議会（ＡＪＣ）は、即刻不快感を表明した。アメリカのユダヤ人はアメリカ市民であり、第一にアメリカ合衆国に忠誠を誓う人民である。われわれは決して捕囚の民ではない。そう主張し、イスラエルは他国のユダヤ社会に干渉すべきで

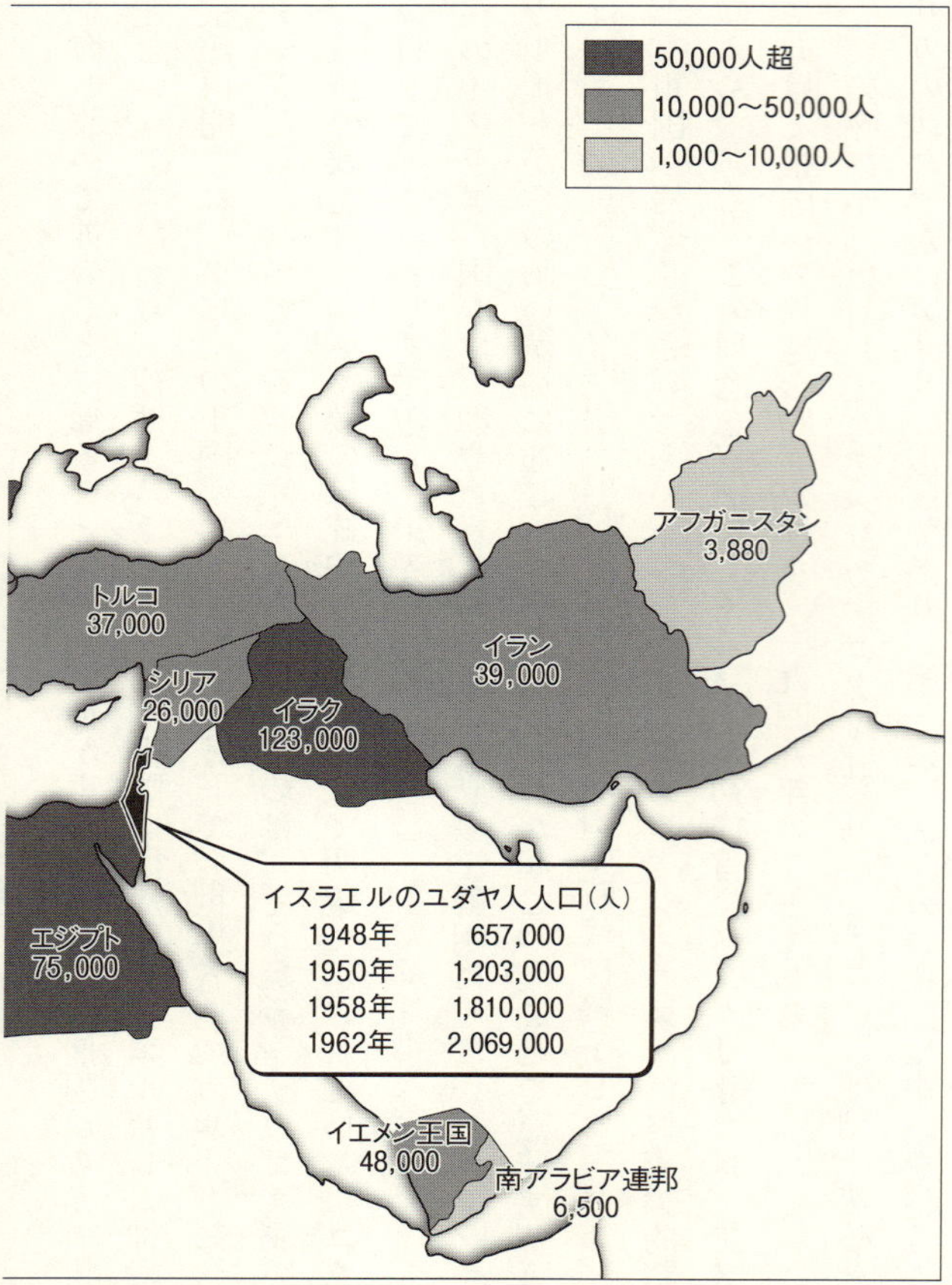

時は冷戦のさなかであり，ソ連のユダヤ人の動向についてはほとん
アシュケナジ系，スファラディ系と並んで，中東・北アフリカのイ
れる．

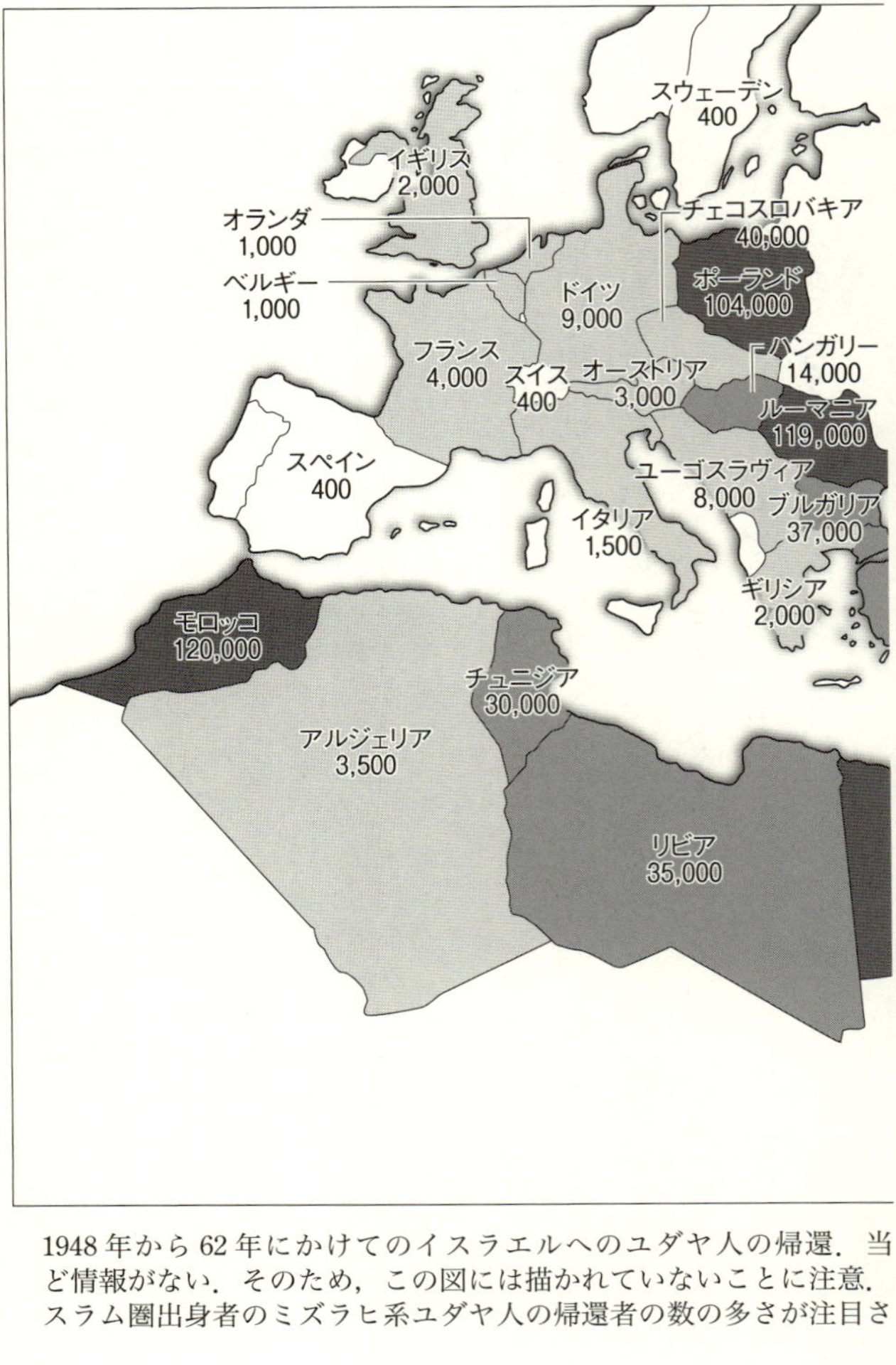

1948年から62年にかけてのイスラエルへのユダヤ人の帰還. 当
ど情報がない. そのため, この図には描かれていないことに注意.
スラム圏出身者のミズラヒ系ユダヤ人の帰還者の数の多さが注目さ

各国別のユダヤ人の人口（人）
2017年現在

イスラエル	6,451,000
アメリカ	5,700,000
フランス	456,000
カナダ	390,000
イギリス	289,500
アルゼンチン	180,500
ロシア	176,000
ドイツ	116,500
オーストラリア	113,200
ブラジル	93,800
南アフリカ	69,300
ウクライナ	53,000
ハンガリー	47,500
メキシコ	40,000
オランダ	29,800
ベルギー	29,300
イタリア	27,300
スイス	18,700
チリ	18,300
ウルグアイ	16,900
トルコ	15,300
スウェーデン	15,000

出典）Berman Jewish DataBank: *World Jewish Population, 2017*

はないと強く反論した。この主張には、世界各地に離散したユダヤ人にとって、市民として暮らす国は決して捕囚の地ではない、という考えが明確に現れている。アメリカの民主主義を信頼し、アメリカを祖国とするという態度表明である。ユダヤ教の改革派や保守派も従来、こうした立場を擁護していた。ユダヤ教徒は宗教集団であり、決して民族集団ではないという立場である。しかし、ショアーが起こり、イスラエルの建国が現実のものとなると、時を経るごとにシオニズムを擁護する方向へと動くようになり、今日に至っている。

ユダヤ的百家争鳴

ユダヤ人が市民権を取得するなど、近代以前には考えられないことであった。近代国家は国民に対して絶対的忠誠心を要求することができる。この要求は世俗的な場でとくに強力である。近代とは、命がけで祖国を守る殉国の思想が国民を拘束した時代でもある。ここに、社会に同化したユダヤ人は、どこまでユダヤ的アイデンティティを持ち続けられるのかという問いが生まれる。そして、世界市民としてのユダヤ人の使命はどうあるべきかという問いが重要になってくる。国家への忠誠とユダヤ教への従順が互いに衝突する結果、同化が進めばユダヤ教の喪失につながるのではないか、というまったく新しい問題が浮上した。

近代のユダヤ人は、このような状況において、さまざまな宗派に分かれて、国家と宗教との関係を論じはじめた。宗教としてのユダヤ教を維持しつつ、市民として生きていく。そのとき、宗教はどの程度にユダヤ教徒を拘束できるのか。モーセの律法は絶対神の啓示としてもはや絶対性をもちえないのか。律法がもつ権威の強弱の違いによって、改革派から保守派、さらには新正統派と考え方が分かれた。ユダヤを超えた普遍主義の立場と、ユダヤ教の価値を掲げる個別主義との折衷や融合を目指す立場など、諸々の観念や思想が提起されてきたのである。

第4節　ユダヤ社会の現実

ヘブライ語の蘇生

現代になって、ヘブライ語は日常言語として復活した。これは、言語として非常に稀なことである。その反面、それ以前の離散ユダヤ社会で「聖なる言語」とされたトーラーと礼拝のためのヘブライ語の意義は著しく減退した。ここでは、ユダヤ社会でヘブライ語が果たす役割の変化をさぐってみたい。

エルサレム神殿の崩壊後、離散社会が世界各地に広がるなか、ユダヤ人はそれぞれの地域で話される言語を習得し、日常生活用の言語としてきた。その代表的なものが、アシュケナジ系ユダヤ人のイディッシュ語、スファラディ系ユダヤ人のラディノ語、アラブ・イスラム圏のユダヤ・アラビア語である。周囲の生活言語の文法や語彙を学びつつ、自分たち独自の語彙を加えてヘブライ文字で表記する独特の言語世界が生まれた。

これに対して、ラビ・ユダヤ教ではヘブライ語は「聖なる言語」とされ、世界中のユダヤ社会で礼拝とトーラー学習のために必ず用いるよう義務化された。ユダヤ法上の問題が生じたときは遠隔の外国からでも、権威あるイェシヴァのラビに問い合わせがあり、その回答はヘブライ語でもたらされた。また、宗教や哲学に関する論文もヘブライ語、あるいはユダヤ・アラビア語で著わされた。ヘブライ語で書かれたユダヤ文学としては、典礼詩（ピユート）が有名である。

こうした言語状況に変化が生じたのは、フランス革命後、近代の国民国家にユダヤ人が同化するようになって以後のことである。市民権を得て国民となり、学校教育を通して、その国の言語、文化、歴史を学習し、自分の思いや考えをその国の言語を通して表現する文学作品や哲学書が登場しはじめた。ユダヤ系ドイツ人であったハイネは、そうした状況のなかで現れた近代ドイツ語による抒情詩人の代表である。マルクスは『資本論』をドイツ語で書いている。

シナゴーグへ行かない世俗化したユダヤ人は、もはや聖なる言語であるヘブライ語と接する機会も必要性も減っていく。改革派のユダヤ教が礼拝に現地語を導入していったのも、宗教的きずなの維持のためには避けて通れない手段であっただろう。しかし、ユダヤ共同体を宗教的きずなで維持するのが難しくなるにつれ、それに代わって民族的きずなで維持するという考えが出てくるようになった。そこで選ばれた道が、ヘブライ語の日常言語化である。それを推し進めたのがシオニストの集団であり、戦後のイスラエル国家であった。

聖なる言語の世俗化を忌避し反対する人びともいたが、シオニズムの集団はユダヤ民族の統合の象徴としてヘブライ語を日常的に使いはじめた。一九世紀末、エリエゼル・ベン・イェフダが家族内で始めたこの小さな試みが、賛同者の増加、教育方針の刷新、教育言語としての決定などを経て、ついにはイスラエル国家の公用語となる現実を生んだ。「イスラエルはヘブライ語と軍隊によって移民国家の統合に成功した」といわれる。われわれ日本人には実感しにくいことかもしれないが、イスラエルでは言語と国家、あるいは言語と民族の問題は、自己の存在の根幹にふれる深い問題なのである。

混合婚をめぐる議論

ユダヤ人の同化の問題が生活のうえで実感されるのは、混合婚である。一九世紀、ユダヤ人が同等の国民として社会的適応を遂げた最初の国が、ドイツであった。婚姻統計によれば、ドイツ語圏のユダヤ人が非ユダヤ人と結婚する割合は、一九二八年からの三年間に、ドイツ全体でのユダヤ人の結婚数の二〇%を超えていた。ハンブルクでは一九二八年に三三%に達し、ベルリンでは一九二九年に二九%を記録した。ドイツでは全般的に、ユダヤ人男性が非ユダヤ人女性と結婚する割合が、その逆の事例よりも高かった。

ドイツ以上に顕著なのが移民大国アメリカである。欧州に比べて反ユダヤ的偏見が少なく、誰もが自己実現を目指すことのできる国として、アメリカはユダヤ人にとって魅力的で、彼らは急速に社会に同化していった。その象徴が混合婚であった。一九九〇年には、ユダヤ人と他の人種や宗教に帰属する人との混合婚の割合が五二％に達した。しかしこれは、イスラエルからみると、「深刻な同化現象」として映ったようである。

混合婚の増大によってユダヤ社会が変容するとしても、それは新たな変革の徴《しるし》として肯定すべきではないのか。いや、それはユダヤ社会が内部から崩壊する脅威と捉えるべきではないか。この問題は今日でも意見が割れている。とくに、ユダヤ人男性がキリスト教徒の女性と結婚するとき、ユダヤ教での定義上、その子はユダヤ人ではなくなる。そのため、さほど宗教的ではない世俗的なユダヤ人男性でも、配偶者がユダヤ教に改宗することを望む場合が多い。宗教者ならなおさらである。改革派が、親のどちらかがユダヤ人であれば、その子どももユダヤ人として認めると決定したのも、そうした混合婚の問題への対処のひとつであった。しかし、キリスト教徒と姻戚関係が生じることになると家族が躊躇する場合もある。それは相手のキリスト教徒側も同様である。

「宗教」としてのユダヤ教という定義で考える場合、民族集団としてユダヤ人を捉えがちな昨今の傾向に対する批判も強い。アメリカは、一九六五年に移民法を改正して国別移民割当を撤廃し、新しい人間関係を構築することが常態となりつつある。ユダヤ人はそれを忌避して閉鎖的集団でいることを選ぶのか、という批判もある。混合婚への最大の期待は、改宗者が組織に新たな息吹を吹き込むことである。したがって、問題は最終的に個人がどう考えるか、その選択に委ねられることになるだろう。そのため、初等教育段階からユダヤ教の教育の質的充実を図ることの重要性が再認識されている。

二極分化するユダヤ社会

今日、アメリカのユダヤ社会で「ユダヤ性」を定義することは困難といわれる。ユダヤ人と宗教との関係が極めて多様化しているうえに、各宗派の会衆組織でも多様化が著しいためである。しかし、そのように多様化しているなかでも、帰属意識に関してはある種の共通性が見られる。すなわち、ユダヤ人のひとりとして世界のユダヤ人とイスラエルに対する義務を感ずる一方、アメリカ市民として自由を享受したいという態度が認められる。個人としてはユダヤ教の宗教的な集団に帰属していると感じながらも、社会集団としてはエスニックの意味で少数民族としてのユダヤ人であることを意識している。しかも、そのユダヤ教の宗派が多様化する傾向が顕著で、伝統的なユダヤ法的な規範性を重視するよりも、魂の開発や霊性に関心が向かい、また、家族とのつながりよりも個人の自由な選択に重心が傾きはじめているようにもみえる。

これは、アメリカの伝統的なキリスト教社会で、多様な教派的共同体に細分化される傾向が強まるなか、ユダヤ社会にもその影響が及んでいることの現れでもある。しかし、そうした多様化の流れのなかでもひときわ顕著な現象は、ユダヤ社会が正統派と非正統派の二極に完全に分化されかねないことである。戒律、他宗教との共存、ユダヤ人の定義などのユダヤ教神学に関する諸問題、これらのいずれもが互いに没交渉なままに決められて、異なる二つのユダヤ系集団に分裂しかねない状況にある。これらの諸問題は、離散社会の市民として同化を義務づけられたユダヤ人には、アメリカに限らず、どこの国においても共有される問題であろう。

イスラエル社会の現実

社会の分断という類似の事態は、イスラエルにおいても顕著になっている。こちらは、世俗派と超正統派との社会的分断の問題である。イスラエル国内においては、建国時からしばらくは、世俗国家に否定的でユダヤ教の中世的伝統を掲げた超正統派ユダヤ教の活動や、グーシユ・エムニームのような国家主義的な宗教思想運動はとくに目立った存在ではなく、国是を脅かすものではなかった。周囲の国々との緊迫した臨戦態勢のなか、建国間もないイスラエルにとっては、ユダヤ人同士の連帯意識の創生や、国家の大義に生きる犠牲的精神の育成こそが優先されるべき最大の課題だったのである。

ところが、一九七七年に保守リクード党が第一党に躍進し、一九八〇年代の前半にかけて変化が表面化してきた。それまで目立たなかった新しい宗教政党が議会政治に参入しはじめたのである。とりわけ、スファラディ系出身者・ミズラヒ系出身者(二八―二九頁の地図参照)を支持基盤とする、いわゆる超正統派ハレディームの政治参入が注目された。

一九八二年には、シャス党(超正統派のラビを中心とした宗教政党。「シャス」とはタルムードの別名)が躍進し、厳格な宗教法を立法化して国民に強制するという方針が実行された。それと並んで、国家政策を宗教的に支持する国家主義的ユダヤ教徒(レウマニーム)が台頭し、ヨルダン川西岸地区への入植運動を活発化させた。以来、世俗的ユダヤ市民と超正統派ユダヤ教徒との対立が国論を二分するほどに先鋭化し、世俗的ユダヤ市民がユダヤ教の伝統と断絶することを危惧する声が強くなった。これは今日のユダヤ教をめぐる世界的な傾向とも共通する。対立を先鋭化させ、妥協を軽視する風潮が強く見られるようになった。

宗教指導者に対する崇拝ともいえる熱烈な支持と、政治的な示威運動による団結力の誇示は、この集団がデモクラシーとは異なる価値を重んじていると受け取られる。彼らの側からすれば、伝統的なユダヤ教的生活様式を脅かす世俗化の脅威に危機感を募らせ、伝統を守るために残されたわずかな手段を最大限有効に行使しているだけなのかもしれない。しかし、こうした宗教派の価値観と世俗派の価値観との対立は、社会を分断するほどの脅威としてイスラエル国内では実感されている。

イスラエル社会では、宗教的な文化の孤立化がますます進展する一方で、世俗的な文化は広く深く浸透してきている。多元的な社会の実現のために必要なものとは、既成の自己規定や先入見を排し、自己の既存のアイデンティティも積極的になげうつ覚悟で、互いの存在の意味を見つけ出し理解しようとする営みではないか。求められるのは、ユダヤ教の用語でいえば、「伝統の偶像化を排除せよ」ということである。中世的正統主義しかり、宗教的根本主義しかり、シオニズムしかり、世俗的市民社会しかり、である。そして、共有される「喪失感」に立ち戻ってみる。そのときに多様なる可能性が開けてくるのではないだろうか。

イスラエル国家のゆくえ

一九七〇年代以降、イスラエルで保守政権の強権的体制が顕著になった。パレスチナ・アラブ社会に対する占領支配の継続、過剰な介入、絶えざる入植地の建設といった一連の大イスラエル主義の政策は、しばしば世界各地のユダヤ人への言われない非難を生み、不当な暴力やテロ事件を招いてきた。これは、イスラエル国家の政策への反対が、容易に反ユダヤ主義へ転化する危険を示している。

ヨルダン川西岸地区の占領政策が続く限り、シオニズムは人種差別主義だという批判が続くことも予想される。そのため、政策次第では、イスラエルが離散社会のユダヤ人の精神的な避難所ではなく、むしろ反ユダヤ主義に攻撃の口実を与える存在になりかねない状況にある。このことは、イスラエルという国家の存立の大義を根底から脅かす危険性を内包している。それでもなお、領土拡大を目指し、強力な軍事力で周辺国を圧倒する状況が長く続けば、シオニズムは形骸化し、イスラエル国家の存立自体が自己目的化するだろう。

これこそ手段が目的化することであり、トーラーが最も戒める偶像崇拝にもみなされよう。イエシャヤフ・レイボヴィッツは、かつて繰り返しそう主張した。彼はまたこのように主張している。イスラエル国家の建設は、ユダヤ人問題を何ひとつ解決したことにならない。シオニズムとは本来、異教徒の支配にこれ以上翻弄されたくないという意思の実現以上のものではない。他の現代国家と同じように、さまざまな政治問題を抱える普通の国になっただけである。他の民族の権利を尊重せず、聖書時代の領土回復を目指すとすれば、それは、自己中心的な聖書神学にもとづいた特殊救済的メシアニズム以外の何物でもない。イスラエルの国家存立の正当性は、もはや回復不能の事態に陥るであろう、と。こうした独善的なシオニズムに対抗するためにも、レヴィナスは、離散の地に暮らす健全なユダヤ人の存在が不可欠であると見ていたのである。

棄民の視点から

最後に、ユダヤ人と近現代の問題点を「棄民」の視点から考えてみたい。

近代以前のユダヤ人は、国家の保護を当てにできない寄る辺なき存在であった。しかし、西欧で近代国家が建設され、市民権を得たユダヤ人は国家の保護を受けられるようになった。これは僥倖《ぎょうこう》であった。ユダヤ人の大半が歓喜の声を上げ、こぞって新国家の社会に同化し、国家に貢献しようと多方面で能力を発揮した。一九世紀後半になると、フランスでも、イギリスでも、そしてドイツでも、金融、経済、思想、哲学、科学、医学、法曹、芸術などの分野でユダヤ人が頭角を現わし、繁栄を一身に集めるほどに活躍するに至った。

ところが、その目覚ましい活躍が、他の異教徒である国民の嫉妬を誘い、さらには屈辱感を与えることになった。一九世紀以降のヨーロッパでは、いわゆる反ユダヤ主義のもと、社会的差別から始まり、法的差別、物理的迫害、さらには物理的抹殺へとエスカレートしていった。一度は迎え入れたユダヤ人を、近代国家は棄民としたのである。

「反ユダヤ主義」という言葉は、一八七九年にドイツ人によって造語されたもので、直訳すれば「反セム主義」である。セムとは、一八世紀から言語の分類にも用いられた民族の三分類であり、セム語族、ハム語族、そしてインド–ヨーロッパ語族(インド–アーリア語族)という人種分類に由来する。反セム主義は、中東出身のセム語系の人種としてのユダヤ人に対する憎悪感情を根幹とするもので、宗教的な意味合いは薄い。しかも、この憎悪感情には、セム的一神教に対する西欧のコンプレックスが強く作用している。

一七世紀頃までの西欧は文明の遅れた弱小地域であり、オスマン帝国をはじめとする中東イスラム文明に劣等意識があった。一八世紀になって世界に覇を唱えるようになり、中東地域を植民地化しても、この劣等意識は消えない。一九世紀にインドのサンスクリット文献が西欧に入ってくると、聖書よりも古い独自の優れた文化があったことを誇りとして、セム的一神教に対するインド＝ヨーロッパ語族の優越感が顕著に現れてくる。二〇世紀の後半になっても、イエスは仏教徒であり、パウロがその教えをユダヤ化したということを、学術的に証明しようとする書物が出回っていた。西欧諸国にはそれほど根深い一神教コンプレックスが底流している。そのコンプレックスに由来する反ユダヤ主義が、一九世紀後半に一挙に暴発し、普仏戦争後のフランス、さらには第一次世界大戦後のドイツを席巻した。民族の屈辱のエネルギーが暴発するのをいかに阻止するか。それは、二一世紀の今日になっても最大の課題のひとつである。

エルサレムの世界ユダヤ学会でのこと。ユダヤ古代史研究の先達のひとり、ゲダルヤ・アロンについての再評価をめぐるシンポジウムで、生前のアロンが書評を書くことを極めて重視していたという話があった。自説を出す前に先行研究を徹底的に消化し、それを正当に評価できたうえで、初めて自説を展開する余地が生まれる。だから、アロンは決して論文の数は多くなかった。しかし、学問のもっとも大事な点を外すことはなかったのであり、どの論文も非常に優れた内容になっているということであった。以来、肝に銘じて、重要と思われる書籍はしっかり理解することを心がけてきた。その姿勢は今後も続けたいと考えている。そうした大切な書物をテーマ別にまとめて、筆者なりに意義をまとめてみた。

歴史について

①ハイム・H・ベンサソン編(石田友雄、村岡崇光訳)『ユダヤ民族史』全六巻、六興出版、一九七六－七八年

②エレーナ・R・カステーヨ、ウリエル・M・カポーン（那岐一堯訳）『図説 ユダヤ人の二〇〇〇年』全二巻、同朋舎出版、一九九六年
③ポール・ジョンソン（阿川尚之ほか訳）『ユダヤ人の歴史』全三巻、徳間文庫、二〇〇六年
④サイモン・シャーマ『BBCユダヤ人の物語』DVD全五巻、丸善、二〇一三年
⑤市川裕、臼杵陽、大塚和夫、手島勲矢編『ユダヤ人と国民国家――「政教分離」を再考する』岩波書店、二〇〇八年
⑥市川裕『ユダヤ教の歴史』山川出版社、二〇〇九年

ユダヤ史に関する著作の多くは「ユダヤ人」の歴史を扱っている。それは、歴史学の方法論に則り、一次史料から再構成して歴史事象を解明したものである。文献①は、一九七〇年代のヘブライ大学・歴史学の総力を挙げて取り組んだ通史であり、一九世紀ドイツのユダヤ学の誕生以来、ハインリヒ・グレーツの偉業『ユダヤ人の歴史（*Geschichte der Juden*）』のうえに築かれた学問のひとつの総決算である。古代から現代まで、専門家が時代ごとに手分けして取り組んだ成果であり、今後も一つの参照軸になるだろう。文献②はレファレンス的な意味もある本で、欧州におけるユダヤ人の存在証明の記録という性格が感じられる。文献③は、魅力的な歴史観を提供してくれる。この著者の書いたキリスト教史やアメリカ史などを合わせて読むと楽しさ

も倍増する。

映像作品である文献④をあえて取り上げたのは、内容が大変わかりやすく、視覚的な効果が大学の講義にピッタリなせいもある。しかし、なにより、ユダヤ史全体に対する理解の仕方が筆者自身と共通していたことがうれしかったためである。中世の二つの世界の違いを強調し、近現代は地域別に、西欧、東欧、中東・イスラエルの苦難を一つの物語に仕上げていて、その編集の力量に脱帽する。以上の文献はいずれも、著者・編者らがひとつの明確な観点からユダヤ人の歴史を通覧して、そこに何らかの意義を見出そうとする歴史研究である。その意味で、取り上げた事件とその解釈、分析の切り口など、それぞれの魅力を味わえる。文献⑤は、政教分離を主題に筆者ほかの参加メンバーが中心となり研究会を重ねた成果である。文献⑥の拙著は、宗教の視点からユダヤ人の思いと行いを考え、一神教の歴史の見取り図を示そうとしたものである。

ユダヤ教について

⑦ニコラス・デ・ラーンジュ（柄谷凛訳）『ユダヤ教とはなにか』青土社、二〇〇四年
⑧ニコラス・デ・ラーンジュ（柄谷凛訳）『ユダヤ教入門』岩波書店、二〇〇二年

⑨アラン・ウンターマン（石川耕一郎、市川裕訳）『ユダヤ人――その信仰と生活』筑摩書房、一九八三年
⑩ロベール・アロン、アンドレ・ネエール、ヴィクトル・マルカ（内田樹訳）『ユダヤ教――過去と未来』ヨルダン社、一九九八年
⑪ギュンター・シュテンベルガー（A・ルスターホルツ、野口崇子訳）『ユダヤ教――歴史・信仰・文化』教文館、二〇一五年
⑫勝又悦子、勝又直也『生きるユダヤ教――カタチにならないものの強さ』教文館、二〇一六年

概説書のなかで目を引くのは、比較宗教学の立場から二つの異なる観点で二冊の概論を執筆したデ・ラーンジュである。囚人服の喩えでキリスト教との違いを表現した彼は、文献⑦で、ユダヤ教の特徴を理解するために必要な視点を提示する。すなわち、神学的視点でも社会学的視点でも不充分であり、歴史学的視点によって十全に理解されるという基本的立場から、ユダヤ教で重要な諸側面を、歴史的な重層性をもつ諸伝統として提示した。一方、文献⑧では、現代ユダヤ世界を鳥瞰することを目的として、社会学的、教理・神学的な面からユダヤ教の特徴を抽出する。複数の宗派が本質的な問題をめぐって対立したまま、実りある議論が成り立たない原因を解明して、ユダヤ教が目指す諸理念に関して具体的提案を行っている。

文献⑨では思想的教義的な側面が概説されていて、とくに後半部のユダヤ法（ハラハー）の日常的規定を詳細に論じて、独自の貢献をする。これに対して、フランスのユダヤ系思想家三人が編んだ文献⑩は、客観的な記述というよりは、ユダヤ人とユダヤ教に対する独特の「自画像」を描くような筆致で、現代のユダヤ人を定点として過去と未来にまなざしを向けるという論じ方が印象的である。これと比較して興味深いのは、キリスト教徒で著名なユダヤ古典学者による文献⑪の概論である。ドイツ語圏のキリスト教徒のみならず、ユダヤ人もがユダヤ教に無知であることから、ユダヤの中心的な教えや慣習を徹底的に教える必要を感じたという。聖書とタルムードの伝統に方向づけられたユダヤ人の生活様式こそ、ユダヤ教の生きた信仰の姿であるとして、生活様式を公平に観察して提示する姿勢が顕著である。文献⑫は、イスラエルに長期滞在して学位を取得した、二人の日本人研究者による概論である。副題からも想像できるように、ユダヤ教が育んだ強靭な思考力と人間力に着目し、重要なテキストの抜粋を味読できる工夫を凝らしている。

ユダヤの宗教思想について

⑬ゲルショム・ショーレム（山下肇ほか訳）『ユダヤ神秘主義——その主潮流』法政大学出版局、

一九八五年

⑭ヨセフ・ダン（市川裕訳）「ユダヤ神秘主義――歴史的概観」（岩波講座 東洋思想第二巻『ユダヤ思想2』所収）岩波書店、一九八八年

⑮井筒俊彦『意識と本質――精神的東洋を索めて』岩波文庫、一九八三年

⑯手島佑郎『ユダヤ教の霊性――ハシディズムのこころ』教文館、二〇一〇年

⑰山本伸一『総説カバラー――ユダヤ神秘主義の真相と歴史』原書房、二〇一五年

ユダヤ神秘主義は宗教研究のうちの一特殊部門と思われがちだが、筆者の印象では、日本で普通に宗教学として扱われるテーマ、たとえば宗教思想や宗教体験は、ユダヤの場合には、ユダヤ神秘主義の分野に含まれることが多い。何か特別な分野というより、狭い意味での宗教そのものなのだ。ユダヤ教が宗教という一般的定義と一致しないせいでもある。そこで、普通にユダヤの宗教思想を知りたいときには、ユダヤ神秘主義の書物をひもとくのが最適である。そのなかで圧倒的な影響力をもち、カバラーを学問的に位置づけた画期的な書物が文献⑬である。一九三八年、著者のショーレムがニューヨークでこの本が生まれるきっかけとなった連続講義を行ったとき、ソール・リーベルマンが「カバラーはナンセンスだが、カバラーの歴史は学問だ」と皮肉った、曰く付きの書物でもある。

カバラーの入門書としては、論文だが、ショーレムの弟子であるヨセフ・ダンが書いた文献⑭を推したい。この論文は、井筒俊彦の論文「中世ユダヤ哲学史」を冒頭に置いた論集に収録されており、併読をすすめたい。井筒はエラノス会議を通してショーレムとは旧知の仲で、その間にカバラー思想を研究し、晩年の著作にもその成果を反映させている。井筒がユダヤ思想とイスラム思想を東洋思想に組み入れた意図まで視野を広げてもらえるとうれしい。

カバラーの歴史のなかで、唯一、大衆運動として絶大な影響力を及ぼした「ハシディズム」とはいったい何だったか。文献⑯は、その問いに対して草創期の指導者たちが残した説教や教義を基礎に、ハシディズムの思想と実践を解明する。「霊性」の語から想定されるように、この研究の動機は、マルティン・ブーバーが鈴木大拙の禅の研究に触発されてハシディズムを解釈したことへの興味にある。文献⑰は、ハシディズムをカバラーの最終形態と見たショーレムとは異なる視点からの最新のカバラー研究であり、複数の視点を比べることができる。

ユダヤ思想史について

⑱アイザイア・バーリン（福田歓一・河合秀和編）『バーリン選集』全四巻、岩波書店、一九八三―九二年

⑲マイケル・イグナティエフ（石塚雅彦、藤田雄二共訳）『アイザイア・バーリン』みすず書房、二〇〇四年

アイザイア・バーリンは英国の著名なユダヤ系哲学者・思想史家で、思想史という学問の重要性に気づき、この分野を開拓した人物の一人である。彼の問題関心はユダヤ系の出自と深く関わっていたと思われてならない。一九〇九年にラトビアで生まれ、一九一七年にはレニングラードでロシア革命を経験し、ワルシャワ行きの車中での恐怖体験など、幼少期から政治信条の脅威に対する敏感な感覚を備えていた。また後年、全体主義とナチスのショアーを目撃し、イスラエル国家の誕生にもコミットするなど、二〇世紀のユダヤをめぐるおもな重要事件をすべて経験している。その経験のなかから必然的に向き合った問いが、「なぜナチズムや共産主義が二〇世紀を風靡したのか」という問いであり、その原因の究明に向かい、政治的ロマン主義の風靡に行き着く。それは徹底的な現世主義、歴史主義であった。

文献⑱は、多岐多様なバーリンの論考の集成である。無神論的前提に立って、時間と空間の枠が圧倒的威力をもって人間の思考を拘束するという意味での「美学の専制（Tyranny of Aesthetics）」について、彼の思想史関連の著作でこの問題と関わりのないものはほとんどない。その意味では、どの著作であれ、どの論文であれ、読み応えのあるものばかりである。個人的に

とくに感銘を受けた論文には、「ロマン的意志の神格化(The Apotheosis of the Romantic Will)」、「ディズレーリとマルクスとアイデンティティの探求(Benjamin Disraeli, Karl Marx and the Search for Identity)」や「ヴェルディの素朴さ(The 'Naïveté' of Verdi)」、「理想の追求(On the Pursuit of the Ideal)」などがある。

また、ユダヤ人としてのバーリンを考えるうえでは、文献⑲が参考になる。公式の伝記執筆を認められた著者が、バーリンとの入念な対話をもとに書き上げた著作である。本書によって、バーリンとハシディズムの一家系との深いつながり、ロシアのユダヤ系文学者との交流、第二次世界大戦のさなかにチャーチルに宛てた見事な戦況報告、イスラエル建国の立役者の一人ハイム・ヴァイツマンとの深い信頼関係、そしてヴァイツマンから建国後の協力依頼を受けたが躊躇したことなど、多くの知見が提供されている。

トーラー註解について

⑳Yeshayahu Leibowitz: *Notes to the Weekly Tora Readings* (in Hebrew), Akademon, 1988.
㉑Nehama Leibowitz: *New Studies in the Pentateuch*, 7 Vols., Lambda Publishers, 2010.
㉒ラビ・ピンハス・ペリー(手島勲矢、上野正訳)『トーラーの知恵——現代を生きるためのユダヤ

人の聖書観』ミルトス、一九八八年

トーラーはユダヤ人にとって神の啓示の書である。したがって、真にユダヤ教を理解するためには、一人でも多くのユダヤ人による聖書註解を参照すべきである。その際に推薦したいのが「トーラー註解」である。ユダヤ人には安息日のトーラー朗読制度があり、一年でトーラーを読み通す。毎週の朗読箇所に合わせて註釈を行うことも伝統になっている。各週の朗読箇所は一つの意味ある枠として解釈に反映されることがしばしばである。そうした点にもユダヤ思想の特異性が見られる。

レイボヴィッツ兄妹はリガ出身のイスラエルを代表するトーラー註釈者であり、名前だけでも知っておく価値がある。兄のイェシャヤフ・レイボヴィッツは大脳生理学者で、マイモニデス研究でも定評のある敬虔な正統派ユダヤ教徒である。文献⑳は、一九八五年から八六年にかけて、彼が毎週金曜日の午後にラジオ番組で行ったトーラーの解説を出版したものである。本文でも紹介したリトアニアのユダヤ教正統派の教えに裏打ちされた註解を行っている。本書は簡潔な内容ながら極めて奥が深い。妹のネハマ・レイボヴィッツは聖書解釈の専門家である。文献㉑は、歴代の錚々たる註解者たちの見解を比較して、文学的、言語学的、思想的、歴史学的な諸方法を駆使し、解釈者の思惟の在り方を分析する。彼女の研究を通じて、ユダヤ教の読みの深さと多様さの歴史が手に取るようにわかってくる。こうしたトーラー註解は、ユダヤ系の新聞であれば金曜日の紙面で紹介されるのが通例である。文献㉒は、エルサレムのラビがそうした伝統にもとづいて書いた註解である。この本を通して、ラビたちのトーラー註解を日本語で味わうことができる。

タルムードについて

㉓石田友雄、市川裕総監修『タルムード』一―一六巻、三貴(メセナ)、一九九四―二〇一六年(未完)

㉔アブラハム・コーヘン(村岡崇光ほか訳)『タルムード入門』全三巻、教文館、一九九七年

㉕エマニュエル・レヴィナス(内田樹訳)『タルムード四講話』『タルムード新五講話――神聖から聖潔へ』人文書院、二〇一五年

㉖モシェ・ハルバータル(志田雅宏訳)『書物の民――ユダヤ教における正典・意味・権威』教文館、二〇一五年

㉗市川裕『ユダヤ教の精神構造』東京大学出版会、二〇〇四年

ユダヤ人でさえ難解で敬遠しがちなタルムードを日本語に翻訳し出版するという大事業は、

ユダヤ精神に感銘を受けた篤志家の企業メセナによって実現した。それが文献㉓である。議論の約束事や専門用語の訳語を確定する作業など、取りかかる際にかなり手間取ったが、翻訳の方向性が定まってからはどうにか軌道に乗った。テキストの三割の邦訳が実現できたことは、今後のユダヤ研究にとって幸いであった。本書は市販されていないが、大学図書館や公共図書館で閲覧が可能である。ラビたちがどんな議論をしているか、実際に読んで味わってほしい。とくに「マッコート篇」では、タルムードの議論の内容分析をやや詳細に試みている。

思想であれ、社会生活であれ、裁判制度であれ、祭日の過ごし方であれ、ユダヤ研究をする際には必ずと言ってよいほど、タルムードが参照される。歴史的資料として、あるいは実際の宗教的権威の根拠としても参照される。文献㉔は、タルムードの全貌を具体的な引用を中心に簡潔にまとめた著作で、タルムードの全体像を把握し、有名な句の習得にも便利である。文献㉕は、タルムードのラビたちの思想が現代人の生きる指針や参照枠として貢献する可能性をえぐり出した労作である。適切なタルムードの議論を選び出す、レヴィナスの洞察力は圧巻である。文献㉖は、「書物の民」としてのユダヤ人の真骨頂を歴史の推移のなかで抽出している。著者のハルバータルは、タルムードの思想を縦横に駆使できる知見の持ち主で、信頼できる。

筆者は、一九八二―八五年、律法を研究するためエルサレムに留学した。その際、ヘブライ大学でタルムードを読む方法を教わった。朝の礼拝には、ほぼ毎日、約一年間参加した。文献㉗は、筆者のこうしたユダヤ体験をもとに、帰国後、仏教や儒教を学び直して比較宗教学の視点を意識しつつ、ユダヤ思想のもつ特質を主題別にまとめた本である。

ユダヤ百科事典『ジュダイカ』

㉘*Encyclopedia Judaica, 1 st ed.*, vol.1-vol.16, Keter, 1972
㉙*Encyclopedia Judaica, 2 nd ed.*, vol.1-vol.22, Thomson Gale, 2007

ショアーによって当時のユダヤ人全人口の三分の一以上が失われた。三年後、パレスチナにユダヤ人国家が誕生したが、すでに一九二五年には、ヘブライ大学がエルサレムに創設されていた。そして、その半世紀後にエルサレムから刊行されたのが文献㉘である。英知はエルサレムから世界へ発せられるのだ。新国家イスラエルには、欧州諸国からも、イスラム諸国からも、世界中からユダヤ人が参集した。まさに全世界的視野で三〇〇〇年に及ぶ世界史と、あらゆる分野におけるユダヤ人の足跡が集大成された。ショアーで滅んだ欧州ユダヤ人の存在証明も克明に記録され、蘇生したユダヤ人国家の活動も細部にわたって記録されている。文献㉙は、その初版の刊行から三〇年を経て出版された第二版である。すべての項目を見直し、現代の新たな問題関心から生まれた項目も追加されている。これだけの規模の百科事典を改訂するのは並大抵ではない。「書物の民」の面目躍如である。ユダヤ人が世界の各地で生き続けてきた証しとして、この百科事典は存在しているのではなかろうか。少数民族として、社会的弱者として、異邦人として、その独自の視点から世界の歴史を見つめてきたユダヤ人の英知と慧眼が、この書物の随所に発見できる。つねに世界を意識して生きてきたユダヤ人の、世界との関わり、人類への貢献、生きる苦難と喜び、そうしたあらゆるレヴェルの生きた証しが本書にはある。

図版写真出典

12頁、37頁、125頁上：gettyimages
123頁、125頁下：public domain
63頁、110頁、135頁：*Sephardi Jews in the Ottoman Empire: Aspects of Material Culture*, The Israel Museum, 1990.
34頁、42頁、48頁、142頁：Franz Hubmann, *The Jewish Family Album: The Life of a People in Photograph*, Little Brown and Company, 1975.
22－23頁、28－29頁、156－157頁：Martin Gilbert, *Jewish History Atlas*, 4 th ed., Weidenfeld and Nicolson, 1992を改変。
79頁：*The Passover Haggadah, Venice, 1609*, Makor Publishing Ltd., 1974.
153頁：Amud Ha-Esh: *Perakim Be-Toldot Ha-Tsiyonut* (in Hebrew), Yigal Losin, 1982.

あとがき

大学の定年を二年後に控えた頃、岩波書店から思いがけない執筆の機会を与えられた。ユダヤ人とユダヤ教について、「歴史」「信仰」「学問」「社会」の四つの側面から考察するという課題とともにである。これは私にとって、大きな挑戦であった。いま書き終わって、自分のユダヤ人論、ユダヤ教論が初めて生まれたという感慨がわいている。思い切った単純化や概念化は、新書だからこその試みであった。

執筆の間、留学中に世話になったダヴィッドさんという名のハザン（カントール）のことが想い出された。本文でも言及したが、私に「ユダヤ教は幼子にとっての母親の手のようなものだ」と語ってくれた人である。この人に贈る言葉を思いついた。ラビ・アキバが残したとされる言葉である。

「神は人間に余分の祝福を与えられたのだ」

人間は、鳥や魚とともに神に祝福されたが、人間だけがそのことを知っているというのだ。

ダヴィッドさんはそれを自覚して人に接していたのではないか、といまにして思う。
本書を執筆するにあたって、近年の発掘調査での大発見は、大いに力になった。三〇年前から関わってきたイスラエルの発掘調査だが、二〇一六年の夏、天理大学と立教大学の友人たちが中心となって調査しているガリラヤの遺跡で、イエスと同時代の紀元一世紀のシナゴーグ跡が発見されたのだ。これはまるで天のご褒美としか考えられない出来事である。発掘調査を継続できたのも、イスラエル側の協力、そして資金援助の賜物である。とくにシナゴーグ跡発見をもたらした調査は、日本学術振興会科学研究費補助金に多くを負っている。この機会に、私が研究代表者として申請し、科研費の支給を受けた研究について、記して感謝の意を表したい。
基盤研究(A)「ユダヤ・イスラーム宗教共同体の起源と特性に関する文明史的研究」二〇一三－二〇一六年度、課題番号25257008
基盤研究(A)「イスラエル国ガリラヤ地方の新出土シナゴーグ資料に基づく一神教の宗教史再構築」二〇一七－二〇一九年度、課題番号17H01640
本書ではごく一部しか紹介できなかったが、日本のユダヤ研究者の成果は、厳しい出版事情にありながら、ここ一〇年間で質量ともに驚くほど充実した。古代から現代まで、視点もさまざまである。若手の成長の結果、現在、ユダヤ研究は活況を呈している。ユダヤ研究は、世界のあらゆる時代と地域との関係なしには成り立たない。そのため、隣接分野との共同研究や比較研究へとすそ野を広げている。頼もしいかぎりである。読者の皆様もぜひ注目してほしい。

最後に、岩波新書編集部の永沼浩一氏には大変お世話になった。執筆の過程でやりとりを繰り返し、大きな示唆を得て本書が出来上がった。そうした示唆を二つ挙げると、一つは、ユダヤ社会の捉え方に関するもの。「離散」と「捕囚」という二つのアイデアはコインの両面であり、この弁証法的関係がユダヤ人の生を独自なものとしたという捉え方。もう一つは、現代イスラエル社会の観察で、私が別の著作で提示した「伝統の偶像化を排除せよ」という一節を思い出させてくれたことである。こういう気づきは、対話のなかでこそ生まれてきたといってよい。記して心より感謝したい。

二〇一八年一二月一八日
祝福をかみしめつつ

市川　裕

市川 裕

1953年生まれ
1982-85年ヘブライ大学人文学部タルムード学科特別生等，1986年東京大学大学院人文科学研究科博士課程単位取得退学，2019年3月まで東京大学大学院人文社会系研究科教授
現在－東京大学名誉教授
専攻－宗教史学，ユダヤ思想
著書－『ユダヤ教の歴史』(山川出版社，2009)
　　『ユダヤ教の精神構造』(東京大学出版会，2004) ほか
編著書－『図説 ユダヤ教の歴史』(河出書房新社，2015)
　　『ユダヤ人と国民国家──「政教分離」を再考する』(岩波書店，2008) ほか
監修訳書－『バビロニア・タルムード・マッコート篇』(三貴，1996)

ユダヤ人とユダヤ教　　岩波新書(新赤版)1755

2019年1月22日 第1刷発行
2023年12月15日 第6刷発行

著　者　市川《いちかわ》 裕《ひろし》

発行者　坂本政謙

発行所　株式会社 岩波書店
〒101-8002 東京都千代田区一ツ橋2-5-5
案内 03-5210-4000　営業部 03-5210-4111
https://www.iwanami.co.jp/

新書編集部 03-5210-4054
https://www.iwanami.co.jp/sin/

印刷製本・法令印刷　カバー・半七印刷

ISBN 978-4-00-431755-5　　Printed in Japan

岩波新書新赤版一〇〇〇点に際して

ひとつの時代が終わったと言われて久しい。だが、その先にいかなる時代を展望するのか、私たちはその輪郭すら描きえていない。二〇世紀から持ち越した課題の多くは、未だ解決の緒を見つけることのできないままであり、二一世紀が新たに招きよせた問題も少なくない。グローバル資本主義の浸透、憎悪の連鎖、暴力の応酬——世界は混沌として深い不安の只中にある。

現代社会においては変化が常態となり、速さと新しさに絶対的な価値が与えられた。消費社会の深化と情報技術の革命は、種々の境界を無くし、人々の生活やコミュニケーションの様式を根底から変容させてきた。ライフスタイルは多様化し、一面では個人の生き方をそれぞれが選びとる時代が始まっている。同時に、新たな格差が生まれ、様々な次元での亀裂や分断が深まっている。社会や歴史に対する意識が揺らぎ、普遍的な理念に対する根本的な懐疑や、現実を変えることへの無力感がひそかに根を張りつつある。そして生きることに誰もが困難を覚える時代が到来している。

しかし、日常生活のそれぞれの場で、自由と民主主義を獲得し実践することを通じて、私たち自身がそうした閉塞を乗り超え、希望の時代の幕開けを告げてゆくことは不可能ではあるまい。そのために、いま求められていること——それは、個と個の間で開かれた対話を積み重ねながら、人間らしく生きることの条件について一人ひとりが粘り強く思考することではないか。その営みの糧となるものが、教養に外ならないと私たちは考える。歴史とは何か、よく生きるとはいかなることか、世界そして人間はどこへ向かうべきなのか——こうした根源的な問いとの格闘が、文化と知の厚みを作り出し、個人と社会を支える基盤としての教養となった。まさにそのような教養への道案内こそ、岩波新書が創刊以来、追求してきたことである。

岩波新書は、日中戦争下の一九三八年一一月に赤版として創刊された。創刊の辞は、道義の精神に則らない日本の行動を憂慮し、批判的精神と良心的行動の欠如を戒めつつ、現代人の現代的教養を刊行の目的とする、と謳っている。以後、青版、黄版、新赤版と装いを改めながら、合計二五〇〇点余りを世に問うてきた。そして、いままた新赤版が一〇〇〇点を迎えたのを機に、人間の理性と良心への信頼を再確認し、それに裏打ちされた文化を培っていく決意を込めて、新しい装丁のもとに再出発したいと思う。一冊一冊から吹き出す新風が一人でも多くの読者の許に届くこと、そして希望ある時代への想像力を豊かにかき立てることを切に願う。

（二〇〇六年四月）

岩波新書より

宗教

空海	松長有慶
最澄と徳一 仏教史上最大の対決	師茂樹
ブッダが説いた幸せな生き方	今枝由郎
ヒンドゥー教10講	赤松明彦
東アジア仏教史	石井公成
ユダヤ人とユダヤ教	市川裕
初期仏教 ブッダの思想をたどる	馬場紀寿
内村鑑三 悲しみの使徒	若松英輔
トマス・アクィナス 理性と神秘	山本芳久
アウグスティヌス 「心」の哲学者	出村和彦
パウロ 十字架の使徒	青野太潮
弘法大師空海と出会う	川﨑一洋
高野山	松長有慶
マルティン・ルター	徳善義和
教科書の中の宗教	藤原聖子
『教行信証』を読む 親鸞の世界へ	山折哲雄
国家神道と日本人	島薗進
聖書の読み方	大貫隆
親鸞をよむ◆	山折哲雄
日本宗教史	末木文美士
法華経入門	菅野博史
中世神話	山本ひろ子
イスラム教入門	中村廣治郎
ジャンヌ・ダルクと蓮如	大谷暢順
蓮如	五木寛之
密教	松長有慶
日本の新興宗教	高木宏夫
背教者の系譜	武田清子
聖書入門	小塩力
イエスとその時代◆	荒井献
慰霊と招魂	村上重良
国家神道◆	村上重良
お経の話	渡辺照宏
死後の世界	渡辺照宏
日本の仏教	渡辺照宏
仏教〔第二版〕	渡辺照宏
禅と日本文化	鈴木大拙 北川桃雄 訳

世界史

軍と兵士のローマ帝国　井上文則
西洋書物史への扉　髙宮利行
「音楽の都」ウィーンの誕生　ジェラルド・グローマー
マルクス・アウレリウス 『自省録』のローマ帝国　南川高志
古代ギリシアの民主政　橋場弦
曾国藩 「英雄」と中国史　岡本隆司
人種主義の歴史　平野千果子
スポーツからみる東アジア史　高嶋航
スペイン史10講　立石博高
ヒトラー　芝健介
ユーゴスラヴィア現代史〔新版〕　柴宜弘
東南アジア史10講　古田元夫
チャリティの帝国　金澤周作
太平天国　菊池秀明
ドイツ統一　アンドレアス・レダー 板橋拓己訳

人口の中国史　上田信
カエサル　小池和子
世界遺産　中村俊介
奴隷船の世界史　布留川正博
独ソ戦 絶滅戦争の惨禍　大木毅
イタリア史10講　北村暁夫
フランス現代史　小田中直樹
移民国家アメリカの歴史　貴堂嘉之
フィレンツェ　池上俊一
マーティン・ルーサー・キング　黒﨑真
ナポレオン　杉本淑彦
ガンディー 平和を紡ぐ人　竹中千春
イギリス現代史　長谷川貴彦
ロシア革命 破局の8か月　池田嘉郎
天下と天朝の中国史　檀上寛
孫文　深町英夫
古代東アジアの女帝　入江曜子
新・韓国現代史　文京洙

ガリレオ裁判　田中一郎
人間・始皇帝　鶴間和幸
袁世凱　岡本隆司
二〇世紀の歴史　木畑洋一
イギリス史10講　近藤和彦
植民地朝鮮と日本　趙景達
シルクロードの古代都市　加藤九祚
中華人民共和国史〔新版〕　天児慧
物語 朝鮮王朝の滅亡◆　金重明
新・ローマ帝国衰亡史　南川高志
近代朝鮮と日本　趙景達
マヤ文明　青山和夫
北朝鮮現代史　和田春樹
四字熟語の中国史◆　冨谷至
李鴻章　岡本隆司
新しい世界史へ　羽田正
パル判事　中里成章
グランドツアー 18世紀イタリアへの旅　岡田温司
パリ 都市統治の近代　喜安朗

岩波新書より

ノモンハン戦争 モンゴルと満洲国　田中克彦
中国という世界　竹内　実
ウィーン 都市の近代　田口　晃
紫　禁　城　入江曜子
ジャガイモのきた道　山本紀夫
創　氏　改　名　水野直樹
フランス史10講　柴田三千雄
地　中　海　樺山紘一
多神教と一神教　本村凌二
奇人と異才の中国史　井波律子
ドイツ史10講　坂井榮八郎
ナチ・ドイツと言語　宮田光雄
ニューヨーク◆　亀井俊介
離散するユダヤ人　小岸　昭
現代史を学ぶ　溪内　謙
アメリカ黒人の歴史〔新版〕　本田創造
文化大革命と現代中国　安藤正士・太田勝洪・辻康吾
フットボールの社会史　F・P・マグーンJr　忍足欣四郎訳

コンスタンティノープル千年　渡辺金一
ペスト大流行　村上陽一郎
ピープス氏の秘められた日記　臼田　昭
中世ローマ帝国　渡辺金一
モ　ロ　ッ　コ　山田吉彦
シベリアに憑かれた人々　加藤九祚
インカ帝国◆　泉　靖一
中国の隠者　富士正晴
漢　の　武　帝◆　吉川幸次郎
孔　　子　貝塚茂樹
中国の歴史 上・中・下◆　貝塚茂樹
インドとイギリス　吉岡昭彦
アリストテレスとアメリカ・インディアン　L・ハンケ　佐々木昭夫訳
フランス革命小史◆　河野健二
魔　女　狩　り　森島恒雄
風土と歴史　飯沼二郎
ヨーロッパとは何か　増田四郎
世界史概観 上・下　H・G・ウェルズ　長谷部文雄・阿部知二訳

歴史の進歩とはなにか◆　市井三郎
歴史とは何か　E・H・カー　清水幾太郎訳
フランス ルネサンス断章　渡辺一夫
チ　ベ　ッ　ト　多田等観
奉天三十年 上・下　クリスティー　矢内原忠雄訳
ドイツ戦歿学生の手紙　ヴィットコップ編　高橋健二訳
アラビアのロレンス 改訂版◆　中野好夫

シリーズ 中国の歴史

中華の成立 唐代まで　渡辺信一郎
江南の発展 南宋まで　丸橋充拓
草原の制覇 大モンゴルまで　古松崇志
陸海の交錯 明朝の興亡　檀上　寛
「中国」の形成 現代への展望　岡本隆司

シリーズ 中国近現代史

清朝と近代世界 19世紀　吉澤誠一郎

岩波新書より

岩波新書/最新刊から

1989 シンデレラはどこへ行ったのか
—少女小説と『ジェイン・エア』—
廣野由美子 著
強く生きる女性主人公の物語はどこから？英国の古典的名作『ジェイン・エア』から始まる脱シンデレラ物語の展開を読み解く。

1990 ケインズ 危機の時代の実践家
伊藤宣広 著
第一次大戦処理、金本位制復帰問題、大恐慌に関する時論を展開し、「合成の誤謬」となる政治的決断に抗い続けた実践家を描く。

1991 言語哲学がはじまる
野矢茂樹 著
言葉とは何か。二〇世紀の言語論的転回を切り拓いた三人の天才、フレーゲ、ラッセル、ウィトゲンシュタインは何を考えていたのか。

1992 キリストと性
—西洋美術の想像力と多様性—
岡田温司 著
ジェンダー、エロス、クィアをめぐってキリストはどう描かれてきたのだろうか。正統と異端のあいだで揺れる様々な姿。図版多数。

1993 親密な手紙
大江健三郎 著
渡辺一夫をはじめ、サイード、井上ひさし、武満徹、オーデンなどを思い出とともに語る魅力的な読書案内。『図書』好評連載。

1994 社会学の新地平
—ウェーバーからルーマンへ—
佐藤俊樹 著
マックス・ウェーバーとニクラス・ルーマン——産業社会の謎に挑んだふたりの社会学の巨人。彼らが遺した知的遺産を読み解く。

1995 日本の建築
隈研吾 著
都市から自然へ、集中から分散へ。モダニズム建築とは異なる道を歩み、西欧の建築に影響を与え続けた日本建築の挑戦を読み解く。

1996 文学が裁く戦争
—東京裁判から現代へ—
金ヨンロン 著
一九四〇年代後半から現在まで、戦争裁判をテーマとした主要な作品を取り上げて、戦争を裁き直そうとした文学の流れを描く。

(2023.12)